COMING TO MY SENSES

The Making of a Counterculture Cook

我生命中的五感滋味

全球慢食教母的味蕾啟蒙與非典型廚師的養成

Alice Waters

愛莉絲·華特斯——著 葉品岑——譯

目次

以此紀念馬利歐・薩維歐（Mario Savio）

前言・下廚的方式

Preface: How I Cook

我是這樣下廚的：首先我到農夫市集，買一捆法國早餐蘿蔔、紫葉萵苣、青蒜——我正想著布倫海姆杏桃和聖塔羅莎李子的狀態。我在尋找熟度完美的水果和蔬菜，剛從地裡出產或剛被採收的東西。我不必然會思考食材要如何搭配在一起——只是對眼前的發現予以回應。我最在意的是生命狀態，主要是顏色、聞起來的味道、看起來的樣子……我聆聽農夫的田間心得。我想我們有時忘記了食物是有生命的，忘記了我們必須跟著那份直覺，把食物當作活物對待。

此刻，我不太知道自己要煮什麼，而且我沒有整頓飯的全貌。要一直到我帶著食材回家，把它們從籃子裡拿出來，攤在我的廚房桌上——這個時候，我才開始想像食材之間有什麼關聯，以及它們要怎麼共譜一份菜單。我打開所有的感官。我嗅聞蒜頭，品嘗蘿蔔的辛辣和油醋的酸，感受杏桃的硬度；我想著即將上桌用餐的人，以及他們喜歡吃什麼，一道道菜餚的先後順序；今天這個日子給人的感覺是什麼，是室外天冷讓我想在壁爐生火的那種感覺，還是天氣和煦讓我想坐在戶外香草園圃旁的那種感覺。我即興創作，試圖及時捕捉那一刻，並且表達出來。我讓我的感官引領我。這是我們在帕尼斯之家（Chez Panisse）下廚的方式。我們在帕尼斯之家一直以來都是這麼下廚。

人們想知道我怎麼會在二十七歲的時候開了一間餐廳。我不曾念過廚藝學校，我沒有任何專業烹飪的經驗。為什麼要開餐廳？為什麼是**這種**餐廳？為什麼要做這種料理？我怎麼有勇氣開門做生意？真相是，我直到現在才認真深入思考這一切。沉思不是我的天性。以前，我的回答一直是，我對政治不再抱持幻想，然後需要一個賺錢的方式，而我喜歡做飯，於是我想不如就經營一個小地方讓我的朋友們光顧，一個遠離生活周遭動盪的避難所。這個答案有一部分屬實，但不是全部事實。它並未全盤說明我是如何成為那個經營帕尼斯之家的年輕女子，以及我是如何學會做我所做的事。當我回想自己的過往，我意識到我的成長方式和年輕時的歷練，深刻地滋養並塑造了我，最終在某種意義上，經營一個像帕尼斯之家的地方是必然的結果。事實證明，我的童年和青少女時期，蘊藏著我自己的食農教育的種子，蘊藏著使我有能力匯集一群志同道合的朋友，然後——很勉強地！——在一九七一年的加州柏克萊開一家法國小餐館的價值觀。儘管當時的我沒有多想，但這家法國小餐館在開幕夜當晚，不僅藏著我過去人生的重要線索，還藏著一切促成日後發展、巨大且不尋常的潛力。

(George Rinhart/Corbis Historical/Getty Images)

01

自然史

時代廣場上的自助餐廳，我有生以來造訪的首間餐廳。

Natural History

小時候，我總是想要在生日那天去紐約的自然歷史博物館走走，然後到自助餐廳（Automat）吃飯。我們一家人會從紐澤西州的查坦（Chatham）坐火車到霍博肯（Hoboken）的碼頭搭渡輪進紐約市。我們只在慶祝特殊日子時這麼做；我們通常不外食，而且也不常去曼哈頓。但我愛紐約市。我覺得自然歷史博物館的立體透視模型很神奇。我喜歡看到動物在牠們的家園裡，喜歡自己可以和牠們靠得很近：蜂鳥安頓在牠們的迷你鳥巢裡，獅子和牠們的幼崽在塞倫蓋提大草原（Serengeti Plain）上，還有小小的初生斑馬。那是我一無所知的陌生世界。

我們會為這趟行程盛裝打扮。我和姊姊艾倫（Ellen）通常穿我父親的妹妹朵麗絲（Doris）做的衣服。朵麗絲姑姑是個藝術家，而且經常為我們縫製衣服。我最喜歡的是一件藍綠色的棉質連身裙，上面有一朵粉紅色小花的印花，衣領上有珍珠鈕扣，裙子背面還有打成蝴蝶結的緞帶。

參觀完博物館後，我們會搭乘地鐵前往時代廣場（Times Square）的自助餐廳。這是我有記憶以來第一次去的餐廳，當時我應該是六歲或七歲。它為什麼是我最愛的餐廳呢？因為在那裡，我可以選擇自己的食物。我可以想像自己站在餐廳正中央，口袋裡裝滿了二十五美分硬幣。自助餐廳裡所有事物的表面都閃閃發亮：有許多不鏽鋼小門組成的一面巨牆，長得有點像郵政信箱，透明窗展示著門內的每個食物。你把錢放進其中一個郵政信箱的投幣口，打開門，就得到了一道菜。透過小門，你可以看到有人正在後面的廚房裡切檸檬蛋白霜派或組裝鮪魚沙拉三明治。這給人一種全新的用餐體驗。我會在不銹鋼門牆前徘徊，挑選菜餚。沒有任何食物被用紙張包裹起來，我也喜歡親眼看到食物再做選擇——我當時沒辦法或者沒有閱讀菜單，因此能夠看到食物對我來說影響甚大。我們會各自挑選自己想要的食物，然後全家回到餐桌集合，一起吃我們選的各種菜餚。我喜歡拿著自己的錢，也喜歡可以選擇自己想要的食物。在家裡，餐桌上擺什麼我們就得吃什麼，但我喜歡把錢投進那個小門裡——這是我自己的選擇。（最諷刺的是，帕尼斯之家後來以每晚僅提供一份固定價格的菜單而聞名——完全沒得選。但這部分稍後再詳細介紹。）

· · ·

就在我出生之前，我的父母搬到查坦巴塞克大道（Passaic Avenue）上的家。這棟房子頗有年紀，是一八〇〇年代末期的小型木隔板結構，有一個斜屋頂，樓上兩間臥室的天花板也是傾斜的。家裡直到我四歲那年才有車，每年生日我都會聽到同樣的故事：母親懷著我、即將臨盆時，父親非常擔心她沒能及時趕到醫院，於是把她送上了牛奶火車——一列當地的貨運火車，專門把牛奶從農場送給鎮上的牛奶商。母親隻身搭上火車。父親需要借一輛車，從家裡打包一袋過夜行李，還要安排人照顧我的姊姊艾倫，於是大腹便便、孩子就要出生的母親獨自乘坐牛奶火車。她四周全都是男人，她非常擔心我會在運送牛奶的火車上出生。感謝上帝，她成功趕到醫院——千鈞一髮。

父親、母親、艾倫與我。

巴塞克大道上的家。

巴塞克大道的屋子就是人們所謂的待修屋（fixer-upper）。它不斷需要維修，紗門有洞導致蚊子可以進入屋內，壁紙斑駁剝落。父親老是在油漆，老是在重貼壁紙——我到現在還聞得到壁紙糊的味道。冬天屋裡漏風，我總是覺得很冷。冬天的早晨，我父母必須到地下室去幫暖爐添加燃料；那裡是整個屋子裡唯一夠溫暖的地方，因此我會在父親或母親鏟煤的時候站在暖爐前穿衣服。我對火的迷戀可能是發源自那裡，但我想對所有小孩而言，火都是很迷人的。

我四歲那年，就在妹妹蘿拉（Laura）出生一個月後，艾倫和我同時染上了猩紅熱；我們被隔離，以免傳染給新生兒。母親非常擔心我們每個人。那是小兒麻痺疫苗被發明之前的時代，人們對兒童疾病的態度多疑——沒有人真正了解這些疾病從何而來，也不知道如何控制，再加上二十世紀上半葉有太多兒童死於猩紅熱。這對母親而言一定特別可怕，因為她母親在她還小的時候就因罹患流感而喪命。小蘿拉被隔離在樓下的餐廳裡，餐廳被改造成臨時的育嬰室（我父母把它漆成 Pepto-Bismol 胃乳的粉紅色），艾倫和我則被關在樓上，在我們共用的斜屋頂臥室裡。我們家的大門上貼著**隔離**二字，母親和我們接觸的時候會戴上口罩。幸好，小蘿拉沒被傳染。艾倫和我老是被罵，因為我們應該乖乖躺在床上，而不是跳來跳去。但我的確也覺得身體很不舒服。除了房子後方的大花園，我沒有太多我們在那間屋子裡留下的其他回憶。大概在我五歲的時候，我們搬到查坦范多倫大道（Van Doren Avenue）上的新家，一棟比較經典的五〇年代房子：白色的新成屋，有著綠色的百葉窗和一間車庫。

⋮

當我想起我的姊妹們，第一個閃過腦海的念頭是，我不是非常了解她們。姊姊艾倫和我相差四歲，我和妹妹蘿拉也差了四歲——然後，最小的妹妹蘇珊（Susan）又比蘿拉小兩歲。蘿拉和蘇珊共用一間臥室，艾倫和我共用另一間。艾倫覺得我很邋遢——她從來都不想和我共用房間，而且會因為我把衣服丟在地板上而感到非常不高興。多年來，我擁有大量的石頭收藏。晶洞是我的心頭好。我覺得把一塊岩石打開、接著發現裡面充滿了水晶是一件很迷人的事，而且我喜歡認識一層層的砂岩和石英，喜歡能夠在外出散步時認出它們。我有好幾個鞋盒裝滿了我買的或在河邊收集到的石頭。

艾倫對於我們的房裡有這麼多石頭也不甚高興。她總是跋扈專橫——她占了上風，而且善加利用。我們的個性有著天壤之別；我很情緒化，我這邊的空間亂七八糟，而她則非常務實，好學生一個。小時候，我不太喜歡她，主要是因為她不想跟我在一起。我們打起架來很凶，會互咬和扯頭髮，標準的女生打架。但和許多弟弟妹妹一樣，我崇拜她。我總以為我長大後會像她一樣：務實、好學生、負責任。

當你年紀還小的時候，四歲是巨大的年齡差異。艾倫比我成熟得多，而蘿拉和蘇珊還是小嬰兒，所以我和姊妹們很少一起玩。我在家裡往往感到有點孤單。蘇珊和蘿拉可以和彼此玩耍，她們只差兩歲；艾倫則和她年紀較大的朋友們一起，而且她和我父母也比較親近。身為長女，她似乎和他們比較有話聊。她總是能坐我們家的綠色普利茅斯的前座，而我必須和兩個小妹坐在後座。

蘇珊和艾倫是紅髮，蘿拉和我是棕髮。（我的愛爾蘭祖母，我父親的母親，是家族裡有紅髮的原因。）當我還小、且蘇珊和蘿拉還是嬰兒時，我肯定認為我長得像父親，而艾倫比較像母親。我認為艾倫和母親算是同一隊的，而父親和我比較像。（不過，也很難說這是不是真的，畢竟這只是我六、七歲時的想法。這種事有真相可言嗎？）但我知道我爸總是稱呼我為**公主**，這可能讓其他姊妹們覺得討厭。也許是因為我的行為舉止像個公主。我直言不諱，很有主見——而且提出的意見很令人惱火：「我不吃**這個**！我不要**那樣做**！我想要**像那樣**的鞋子！」我要求很多，然後如果沒有得到我想要的……那就，看著辦。我的脾氣比其他女孩們都大。

有時，我會被懲罰回房間，關在衣櫃裡，直到我能好好聽話為止；偶爾父親會用手背打我的屁股一兩下，但不是很認真的體罰。而母親從沒打過我的屁股。我會因為不打掃房間、不洗碗、對姊妹們很壞而受到懲罰，但我最常被懲罰的原因是我愛回嘴。我們四個女孩總是在餐桌上鬥嘴——我以為我們會把父親逼瘋。當他想要安靜時，總是有人在抱怨：「我不想去寫作業！」「我不想坐在蘿拉旁邊，我想坐在媽媽旁邊。」「不行，**我**想在媽媽旁邊。」「我喜歡**那張**椅子！」「不行，**我**先坐下的。不！」每件事都要緊得不得了。

我一個人在衣櫃裡度過很多時間——無論是被迫，還是自願。我迷上《電視艦長和他的電視遊騎兵》（*Captain Video and His Video Rangers*）：你可以寄信給電視艦長索取小火箭，如果把火箭放在檯燈下，它就能在黑暗中發光。我會走進衣櫃，關掉燈，然後把它放在那裡，這樣我就可以看到火箭在發光。火箭上還有一個小型發射器，可以把火箭射得很高，亮著黃光衝向衣櫃的天花板，或飛進存放在衣櫃上層的防雪裝深處。我還寄信向電視艦長要了一頂太空頭盔，我會戴著它爬樹。我喜歡爬樹——現在仍然喜歡！——我曾經從家裡後院的柳樹高高的樹枝上，戴著那頂頭盔跳下來，差點丟了小命。（我現在的後院有一棵美麗的紅杉巨木。我總是想，我要在樹上蓋一個小小的平臺，我可以爬繩梯上去坐著，如此一來我就可以在高處感受我這棵樹的生命。）

我認為我父親很想要兒子，因此我在家裡扮演起那個角色。我喜歡和男孩們一起玩，每天放學後都和鄰居的男孩們一起打棒球。我兒時的英雄是棒球選手米奇．曼托（Mickey Mantle）。我愛他，也愛唱特瑞莎．布魯爾（Teresa Brewer）那首關於他的熱門金曲〈我愛米奇〉（I Love Mickey）。我一直想要當投手，儘管我不是最強的。男孩們最終讓步——我不屈不撓，而且不肯離開投手丘，過了一陣子之後，這就是我的指定位置。我喜歡當投手，因為投手總是攸關勝負，而且是眾人的焦點。我們每天放學後都在米爾頓大道文法學校（Milton Avenue Grammar School）的操場打球——在晚餐時間之前，我不會見到我的姊妹們。

讀文法學校的那幾年，我都和隔壁家的男孩羅伯特（Robert）一起玩。在我們兩人的家之間有一墩高高的沙堆，我們以前會開著玩具小車在上面玩：開車上山，停車，再傾斜地開車下山。

和羅伯特一起光著腳坐在沙堆真是太自在了，太舒服了。我們的遊戲全靠幻想，想像出整座小鎮：「那是我的房子，這間房子是你的，我會開車過去，到你家和你碰面。」在沙子裡玩耍的記憶，我記憶猶新。

我對玩偶並不熱衷。我有一隻名叫「拉比」的布偶兔陪我睡覺長大，但大概僅此而已——我比較男孩子氣。我小時候覺得自己是個牛仔——有一張我和姊妹們在五〇年代某年耶誕節的合照，其他人都穿裙子並在耶誕樹下玩她們的新娃娃，我則是穿著剛獲得的全套牛仔裝，咧著嘴笑。我六歲那年摘除扁桃腺時，家裡還沒有買電視，母親把黑膠唱盤搬到我房間裡，我一遍又一遍地重播羅伊．羅傑斯（Roy Rogers）的〈孤獨牛仔藍調〉（Lonesome Cowboy Blues），一邊吃冰淇淋一邊哭。我喜歡悲傷的牛仔歌曲。牛仔身上散發一種引起我共鳴的孤獨和自由：騎馬遠走高飛，進入曠野裡。在我父母買電視之後，我看一些早期的牛仔電影，像是霍帕隆．卡西迪系列（Hopalong Cassidy），還有金．奧崔（Gene Autry）和羅伊．羅傑斯主演的片。（我內心有一小部分希望有個牛仔能把我帶走。在一九五〇年代，我們都想著「有一天我的王子會出現」——就是覺得，有人會騎著一匹馬來到你面前，帶你走，並且愛你。）

我們不僅在黑膠唱盤上播放那些牛仔歌曲，我也不是唯一喜歡這些歌的人。當我們全家擠在長途車程上，譬如去大西洋城探望母親的家人時，我們會高唱牛仔歌曲——我的父親、我的母親、我的姊妹們和我，全都會唱起歌來。母親年輕時曾是歌手，因此有副好歌喉，帶領我們跟上旋律，某年耶誕節，我穿著牛仔裝。

不會五音不全。父親雖然不是最有天賦的歌唱家，但總是非常陶醉——興味盎然。那是我和家人相處最快樂的時光之一。我們唱〈牧場之家〉（Home on the Range），孩子們學會唱我父母的母校羅格斯大學（Rutgers University）和紐澤西女子學院（New Jersey College for Women）的所有歌曲：「在老拉里坦河的河岸，我的兄弟們，老羅格斯大學將永遠矗立在那裡！」我們還唱其他老派歌曲：「她來的時候會繞山而來！」[1]還有「在斯瓦尼河的下游，很遠很遠的地方——那是我的心轉動不止的地方，那是老父老母住的地方。」[2]

我父母喜歡大樂團音樂和爵士樂——班尼．古德曼（Benny Goodman）、艾靈頓公爵（Duke Ellington）、格倫．米勒（Glenn Miller），那整個時期都愛。我不喜歡。我偏好悲傷的牛仔，而且我喜歡古典樂——確切地說，我喜歡柴可夫斯基的《胡桃鉗組曲》（*Nutcracker Suite*），這是我父母在大樂團黑膠唱片之外，擁有的唯一一張古典樂唱片。我和姊妹們會一直重播這首曲子，四個女孩在我父母的雞尾酒會上一起跳舞和表演給他們看。但我父母始終最喜歡爵士樂，他倆會在家裡播放唱片起舞。母親向來喜歡跳舞，在特殊的場合和日子，父親會帶她去夜總會跳舞。甚至

1　譯注：此歌曲為經典童謠〈伊比呀呀〉（She'll Be Coming 'Round the Mountain，或作 Coming 'Round the Mountain）。
2　譯注：此歌曲為〈家鄉老友〉（Old Folks at Home），由美國音樂之父史蒂芬．科林斯．福斯特（Stephen Collins Foster，1826-1864）於一八五一年所創作

多年後，他們上了年紀，住在柏克萊，如果克萊蒙特酒店（Claremont Hotel）有現場樂隊演奏，他們就會去跳舞。

我喜歡音樂，但沒有創作音樂的特殊天分。母親的鋼琴彈得很好，蘇珊也是。我們家有一台低矮的史坦威小型大鍵琴（spinet）靠著牆擺放，父親熱愛擦拭那台琴，哪怕是不需要擦拭的時候，不過他自己不彈琴。我小時候學過鋼琴，但從來不練琴，現在除了〈給愛麗絲〉和〈筷子〉，我什麼都不會彈。我在學校上過小提琴課——至少在他們因為我不會抖音而把我趕出交響樂團之前學過。但我真的很喜歡手裡拿著樂器的感覺。當你有資格從學校把樂器帶回家時，那就像一種神聖的責任。我喜歡把小提琴塞進天鵝絨琴盒裡。那把琴感覺像是某種寶貴又值錢的東西。（現在，我把刀放進刀盒裡時也有同樣的感覺。）繼小提琴之後，我在學校上長笛課，直到被告知沒有吹長笛的天分，因為我的氣不夠足。

我喜歡躲起來——那，是我的一大天賦。我喜歡搭小房子：拿餐廳的餐桌椅，把毯子覆蓋上去，然後躲到下面。而且，我真的**很會**玩捉迷藏——非常會。因為我對體積的理解向來出奇地準確，我對特定空間裝得下或裝不下什麼，有一種與生俱來的直覺。我總是知道某盒牛奶能不能剛剛好倒入某個碗裡，剛好滿到碗的邊緣，但又不會溢出來。我的直覺分毫不差。所以如果我的身體可以躲在沙發後面又不被人看到，我會知道，或者如果身體可以塞進一個小廚櫃裡，我也會知道——我十分清楚能不能成功。這天賦能當飯吃嗎？

⋮

我不曾在學校食堂吃過午餐。我不想——那裡的食物很難聞，而且看起來都是棕色的。我不記得食堂有任何可以稱為食物的東西。母親會做一袋午餐給我，不然我就會回家吃午飯，因為我們家離學校不遠。我很瘦，不太喜歡吃東西。母親為我做的三明治總是很乾，譬如全麥麵包夾花生醬和香蕉，因此有時我會拿我的三明治，換朋友的起司和波隆那火腿白麵包三明治。還有葡萄。我的紙袋裡總是有一串葡萄。我最喜歡的午餐是烤起司三明治，加醃黃瓜當配菜。我母親想要溺愛孩子的時候，時不時會做烤起司三明治，而等到我更大一點時，我會趁她不注意，在巷尾的餐館嗑掉一份烤起司三明治和橘子汽水。

我一直很愛起司。很愛。我愛它在烹飪上有許多的可能性——從墨西哥玉米餅裡的小塊起司到數不清的山羊起司和法國起司。烤起司三明治在我看來是最棒的療癒美食之一。如今我用康塔爾（Cantal）做烤起司三明治，這是一種來自法國的山地起司，有點像瑞士起司——我喜歡我的起司濃烈一點。我通常會選擇「極致麵包」（Acme Bread Company）的優質全麥麵包或老麵麵包。我把起司切片，放進麵包裡，在鑄鐵鍋裡淋一些橄欖油——不要太多！——把油淋在三明治上面，然後用另一個鑄鐵鍋把三明治壓扁。三明治變成金褐色時，我會翻面，等到起司開始從側邊溢出來就起鍋。然後我拿半瓣大蒜將三明治兩面都塗抹一遍，配上蒔蘿醃黃瓜或一點酸菜，就完成了（優質的自製酸菜，不是我小時候不喜歡的罐頭酸菜！）。或者，我會在旁邊放一點不調味的生菜沙拉——融化的起司和三明治裡的橄欖油幾乎就是生菜的調味了。夏天，有時我會在三明治裡放一些辣椒，或是搭配番茄沙拉當配菜。

・・・

我喜歡上學，但在任何科目都稱不上是特別上進的學生——整體來說，我的成績不錯，但我很容易分心。我會說，我不記得自己念書很認真。三年級的時候，我遇到一位超棒的老師：米德夫人（Mrs. Mead），她讓我心目中好老師的標準變得很高。我愛她——她會編造神奇的藝術與工藝作業來搭配我們正在學習的任何科目。米德夫人愛鳥成痴，會創作鳥的雕刻和繪畫。她做了一隻紅冠戴菊鳥送給我——我的閣樓現在還放著那隻鳥。她甚至會在週末帶班上的孩子出遊，我們也會去散步賞鳥。我還記得當時學到的所有鳥類的名字：金翅雀、紅雀、紅翅黑鸝、雀鵐、麻雀、知更鳥、金鶯。她是一位非常了不起的老師——我實在非常幸運。事實上，她不久前才寫信給我——她現在已經高齡九十多歲，她有一個孩子曾來帕尼斯之家用餐過。

我太常跟朋友聊天，老師們會把我關進衣帽間作為懲罰。衣帽間有一些小通風口，我可能整個四年級都在裡面和防雪裝一起度過，從通風口凝視著外頭。可惜我身邊沒有火箭發射器。

我不喜歡一個人。我喜歡待在我小小的藏身處，沉浸在自己的世界裡，但同時仍能感覺到房子裡有姊妹們或大人們的存在。我不喜歡那種家裡沒有任何人理解我的感覺。我記得有一次，大約十歲左右，我獨自站在客廳，透過窗戶看著范多倫大道，感覺孤單極了——那是一個感受到存在危機的時刻。我看著窗外感到寂寞又哀傷，沒有人可以談心，沒有人可以求助。我現在還看得到那扇窗，有著薄薄的奶油色人造絲窗簾，也看得到窗外嚴酷的冬日風景。

我現在還是不喜歡一個人。當我看到周遭世界所有的美好事物，我就想要和人**談論**它們——我想要別人也能感受到，看到，聞到，嘗到。我不想要自己獨享。我並非不能獨自吃飯。我可以。但我**真的**很喜歡和朋友坐下來好好吃頓飯。感覺那份愉悅回饋到自己身上有一種說不出的美好，你能感受到互惠，感受到相同的領悟。我的人生需要如此。我確實喜歡舒適的獨處，就是當身邊有其他人，但每個人各做各的事。我可以一個人——我最喜歡做的事情就是獨自在房子裡閒晃個三、四個小時，隨心所欲地從書架上拿一本書，記住書裡的一道食譜，然後把書放回去。這麼做使我放鬆。但我喜歡知道在這之後，我會和某人共進晚餐。

．．．

我交遊廣闊，如果有人擁有的朋友比我更多，我會非常嫉妒。我有好幾個天真的小學男友——比爾．博豪斯（Bill Berghaus）、理查．奧斯傳（Richard Ostram）、傑克．葛雷洛（Jack Guerrero）。我喜歡他們每個人身上各自的特質，但我想要他們全都把注意力放在我身上。有時他們會陪我走去學校或陪我走回家。他們會給我友誼戒指，而我必須根據正在和哪個男朋友聊天而不斷地更換戒指。我想要他們全都最喜歡我，但我也希望每個人都感覺我全心全意地關注他。有些事情永遠不會變。

有一年，大概是小學四年級的時候，老師請所有學生分享自己長大後想做什麼。

「我想要當空服員。」我說。

「如果你想要當空服員，你必須站得很直，然後長得很高。」我的老師說。她解釋，這是出於實務考量——我是班上最矮的，而空服員必須長得夠高才能打開行李艙。（不用說，我至今仍然不夠高，做不到這一點——我只長到一百五十八公分。）老師讓我靠著牆、幫我量身高，告訴我距離當空服員的目標還需要長高幾公分。但事實是，我沒有太投入這個志向。我在《生活》（*Life*）雜誌的廣告上看到一群空服員，覺得她們是一群富有魅力的人，穿著時髦的制服，環遊世界，因此當老師問起時，當時的我覺得「當空服員」似乎是很好的答案。

02 母親和老爸

MARGARET HICKMAN

10 South Marion Avenue, Ventnor

POLITICAL SCIENCE

Petite and pretty, Mlle. Midge Hickman's fieriness in discussions of economics and politics is something to be wondered at, and shunned, moreover, by the slow-witted. Besides her ability in social sciences, she is also talented in music. A member of Music Guild, Choir, and Delta Mu, she carols through corridors of the French House and sings harmoniously at soirées. With equal gaiety and vim she designs new coiffures, tears about on her bike, and engages in a round of parties. We wonder whether she can be "toned down" even by domesticity—and hope not.

瑪吉・希克曼小姐，我的母親。

Mother and Dad

「嬌小又漂亮，瑪吉・希克曼（Midge Hickman）小姐討論起經濟和政治時的激昂態度令人嘆為觀止，而且遲鈍的人最好迴避。除了社會科學方面的才能，她也有音樂天分。作為音樂社、合唱團和 Delta Mu 的成員，她在法國之家的走廊上唱頌歌，並在晚會上獻聲。她以同樣的快樂和活力設計新髮型，騎著自行車橫衝直撞，參加一系列聚會。我們甚至不確定她能不能被家庭生活『變柔和』——希望不會。」

在瑪吉的大學畢業紀念冊裡，她是這樣被描述的。瑪吉是我的母親，但這不是我所看到的她。我的手和母親的手很像：小小的，但手指很修長。她總是戴著一枚鑲有黑瑪瑙的金戒指，這是她就讀布朗斯維克的紐澤西女子學院的畢業生戒指。我喜歡那枚 NJC 戒指。上面刻著一棵杉樹，我覺得非常漂亮。母親天生麗質，但從不花錢打扮——錢都是留給小孩用。她並不時尚有型，但她穿起衣服有模有樣：她穿從正面扣扣子的花色家常便服，舒適的牛津鞋和襪子——一定是舒服好走的鞋。她用髮夾把棕色的捲髮向後固定。我記得坐在她腿上的感覺，也記得經常被抱著——她對我們每個孩子都是這樣，緊抓住我們。

她很溫暖，很溫柔，從不罵人，永遠站在我們這邊。但她很有主見：「你**就是得**吃那些維他命。」「不，你**不能**吃冰淇淋甜筒。」她會堅定不移地和我父親爭論某些事情，例如家裡能買西爾斯羅巴克郵購目錄（Sears, Roebuck catalog）的哪些東西。在我們的成長過程中，母親並沒有一份「真正的」工作；白天，父親去上班時，她做園藝、製作罐頭、照顧四個女孩，並打點家裡的大小事。大部分時間她都忙得不可開交——有些日子，她幾乎端不出食物上桌，髒衣服洗也洗不完，而且她花很多時間在熨燙衣服。她肯定感覺孤單。吃完晚飯後，她躺下來把腳抬高，我們則跑去和父親打鬧——她經常很疲累。

我的母親於一九一六年出生在大西洋城，時值第一次世界大戰。她的母親愛德娜・瑪莎・萊特（Edna Martha Wright）在她兩歲時死於西班牙流感。愛德娜的死讓我的外公弗雷德里克・希克曼（Frederick Hickman）心碎。愛德娜去世時，弗雷德里克正在法國打仗，因此我的母親被送去和她的外婆住，而她剛出生的弟弟弗雷德（Fred）則被送去和我的姨婆伊娜（Ina）住一陣子。兩年後，弗雷德里克和一名學校老師凱瑟琳（Catherine）再婚，他認為凱瑟琳會成為他年幼孩子的好母親。事實證明，希克曼外婆——我們都這麼稱呼她——是一位非常嚴厲的浸信會教徒，她不允許我母親跳舞、在晚上讀書，或參加派對。我說的「浸信會」可不是主流的美南浸信會（Southern Baptists）；**她**所屬的基本教義派浸信會禁止吸菸、飲酒、跳舞——在我看來，也禁止微笑。母親非常愛她的父親，但她從未原諒他和希克曼外婆結婚。她經營那段關係經營得很辛苦。（直到生命最後一刻，母親仍無法原諒她父親拒絕在她的婚禮上與她共舞。）

母親全心投入學校課業，她有拉丁文的人文素養，也是非常優秀的鋼琴家。她最終擺脫古板的家庭生活、進入紐澤西女子學院就讀，主修政治學，開始抽菸，參加共產黨聚會——她是激進分子，經常談到要改變世界。我認為她畢生的左派政治立場是承襲自她的父親——他是大西洋城的議員，而且是自由派，考慮到希克曼外婆在家裡推行宗教保守主義，這點實在出人意料。儘管母親對她父親和希克曼外婆結婚有許多不滿，她還是崇拜他。

求學期間，瑪吉在鄰近羅格斯大學的拉姆達奇（Lambda Chi）兄弟會舞會上，被和羅格斯大學的一名二年級生撮合，介紹人說他叫「帕弟」（Patty）。她不喜歡這個名字，於是跟他說，她要叫他帕特（Pat）。一九三九年，她和帕特．華特斯（Pat Waters）結婚；那年她二十三歲。

有一小段時間，華特斯夫婦帕特和瑪吉在紐約市勒緊褲帶過日子。他們住在格林威治村（Greenwich Village）梅登巷（Maiden Lane）的五樓無電梯公寓裡，母親從事祕書或初階職員的工作，每兩週賺十七美元。根據父親的說法，她對烹飪幾乎一竅不通——「她不知道如何燒水。」他說。一九四〇年，她生下第一個孩子艾倫，隨後他們舉家搬遷到紐澤西郊區。一九四一年，弗雷德里克．希克曼心臟病發去世。母親當時二十五歲。

希克曼外婆活得遠比弗雷德里克．希克曼久，我們家在夏天時會到大西洋城探望她。希克曼外婆有點像個凶老太婆——她只穿黑色衣服，只煮白色食物。我記得她穿黑色連身裙和戴墨鏡的模樣；她個頭很大，也許有點矮胖，對我們不太和藹。我們一定要聽話，這是絕對的。耶誕節的時候，她給了我胸罩帶延伸扣和打折的牙刷。但母親對她有一種義務感。

我不知道在二十五歲實質上成為一個孤兒（儘管希克曼外婆還在），對母親而言是什麼感覺。但我知道，她和父親的婚姻給她慰藉。他們擁有非常親密的關係，這是美好的一件事。他們對彼此的愛慕顯而易見。父親對很多情況的反應都是：「聽母親的。」他想讓她感到被支持，他們兩個一加一大於二，是一股團結的力量。他們有自己肢體親暱的方式——不是親吻嘴唇（因為以前沒有人這樣做），而是用手臂摟住肩膀或手牽著手。至少在我們所有孩子看來，他們似乎在多數事情上都意見一致。或者，他們會為一些小事爭論：父親想帶我們出去吃冰淇淋，她會說：「喔，不，你不能！」直到最後她心軟，我們才離開。

以下是母親喜歡的事：她喜歡坐在園圃裡曬太陽——她喜歡我們自己種的花和蔬菜，而且她喜歡園藝，和我不同。（我只喜歡採摘。）她喜歡游泳，但水必須是溫暖的——在這方面，她和我就很像了。她有航海恐懼症（真可惜，因為父親是個優秀的水手），但喜歡海水和海灘。她喜歡週日和我的伊娜姨婆一起開車兜風。她喜歡了解健康飲食——她對健康飲食非常有熱情，我們所有人都印象深刻。她還喜歡待在床上——早上什麼事都不做絕對是她的夢想。她常常告訴我們：「我只是想睡個懶覺！」但是，當然，她總是有事得做，有人要照顧。想像你每天都必須起床幫四個孩子做早餐和午餐——你難道不會夢想有一天能睡晚一點？

母親後來告訴我，生完最後一胎之後，她精神崩潰了——我們現在稱之為產後憂鬱症。我想是因為孩子實在太多了，而且她當時還沒準備好再生一個，尤其是當她第二小的孩子才兩歲而已。「那時我不是一個好母親。」她告訴我。她擔心這對我們造成的影響。這件事發生時，我六歲、讀一年級，而事實是，我不記得這對我們有什麼意義，或者是否影響了我——那時的我正處在自己的世界裡，建造堡壘，躲在衣櫥裡。碰巧，我就是在蘇珊出生後的第一個冬天得了扁桃腺炎。我沒去上學，請假在家很多天，而母親記得自己躺在沙發上聽我非常喜歡的悲傷牛仔唱片，試圖應付一個嚎啕大哭的嬰兒、一個兩歲的孩子和一個生病的六歲孩子。她後來說，她應該尋求專業的幫助——但那在當時是不被認同的做法。

作為替代方案，母親的大學朋友霍普（Hope）在她憂鬱時來幫忙了她一陣子。霍普是母親最好的朋友。艾倫的名字就是取自於她：艾倫．霍普。霍普通達事理，曾在法國生活，我小時候就受益於此——母親唱〈賈克修士〉（Frère Jacques）給我聽，教我用法語數到十，晚上睡前親吻我們時會說 *bonne nuit*（晚安）或 *bons rêves*（祝好夢）。霍普搬到東京時，艾倫和我收到了和服和木屐（傳統的紅漆木厚底鞋），然後我們認識了有關日本的事物。霍普不在國外時，住在華盛頓特區，我想她先生在華盛頓特區的外交圈是個重要人物；母親和霍普盡量有機會就見面，但母親總是希望她住得離我們更近一些。

母親是公開的民主黨人，她總是關心貧苦和受壓迫的人。當我們沒有吃完盤裡的食物時，她會提醒我們：「別忘了印度那些吃不飽的孩子。」她對衣服也是如此；她會修補我們衣服的破洞，而不是買新衣服，也會縫補我們的襪子。她傳達很多關於保護環境和幫助人們溫飽的理念——我們應該把世界上沒有足夠食物吃的人放在心上，這個觀念在我們家有非常、非常強烈的存在感。

我一直認為母親是個激進分子，真的。因為她，我在夾克上別了阿德萊．史蒂文森（Adlai

Stevenson）的徽章，而且戴著它去文法學校，當時其他人都支持艾森豪（Dwight Eisenhower）——其他孩子會四處高唱：「工作時你要吹口哨，史蒂文森是大笨蛋，艾森豪更有本事，工作時你要吹口哨！」我母親對史蒂文森滿腔熱忱。他是一九五二年和一九五六年的民主黨總統候選人，是一位人文主義自由派知識分子，公開反對麥卡錫主義，而且挺身捍衛民權。她說，他是理性的聲音。而我絕對有意識到，母親是整個查坦市唯一支持他的人。她認為人們賺多少錢應該有個上限，超過這個門檻就該被課百分之百的稅。還能比這更左派的嗎？父親是保守派，因此他們兩人經常會有爭論——我們每個女孩都站在母親這邊。所以我們家有五個女人和我可憐的父親唱反調。

我記得母親九十一歲仙逝之前，那時父親已經去世，她的記憶開始消失，而她坐在院子裡，戴著一頂淡紫色的大遮陽帽。太陽正在西沉。我探進她的帽沿底下親吻她，她說：「我對你所做的事感到非常驕傲。一輩子都是如此。你活出我想活出的人生。」這是她對我說的最後一句話——隔天，她心臟病發作。我的母親。

· · ·

我父親名叫查爾斯·阿倫·華特斯（Charles Allen Waters），但每個人都叫他帕弟——這是他孩提時代參加鷹級童軍（Eagle Scout）得到的小名，他永遠都是那個排在最後的小孩，急著跟上大家。他們會大喊：「帕弟來了，帕弟來了！」一九一五年，他出生在紐澤西州的特倫頓（Trenton），在七個孩子中排行老五。有時他覺得自己生錯了家庭——他的膚色比較深，比其他孩子更勤奮好學，而且他是家族裡第一個上大學的人。

帕特．華特斯是個非常勤奮的人。他在保德信（Prudential）擔任人事部門的心理學家，這份工作是他大學畢業後在姊夫的幫助下找到的；他孜孜矻矻地工作，在我們四姊妹都比較大了之前從不休假。母親性情平和，和善可親，父親則比較內斂自省，有點難以親近——不是故意的，只是因為他總是太累了。他的服裝儀容向來無懈可擊，西裝口袋裡放燙過的手帕，用吊襪帶防止襪子滑落。晚上他從紐瓦克回到拉克瓦納（Lackawanna）火車站，我們會去接他。在等他的火車到站時，我會在鐵軌附近的桑樹下玩耍，在垂枝下玩躲貓貓和扮家家酒。而他一定總是疲倦；我們一回到家，他就會給自己倒一杯威士忌加水，喝完再來一杯，然後他就可以忍受我們了。同時，母親正手忙腳亂地做著一堆事，試圖把晚餐端上桌。

父親不是知識分子。父親和母親都不是。他們看報紙，但沒有看太多書。後來當我開始開餐廳，我認為，這對我而言是一個有待解決的大事：我為父親欠缺追求知識的精神感到不好意思。我認為他的思考方式太天真了。但他可能和我一樣，憑著直覺工作——退休前夕，他在自己的專業領域備受尊重。

我父親年輕時的簽名照。

我們在一九八〇年加開咖啡館後，父親曾短暫和我們在餐廳共事——當時的他大概六十五歲了。在那之前，我們一共有三十五個人，現在人數突然增加了一倍。我快要崩潰了。他說：「不然，我來上班，幫你安排一下。」畢竟，他是一名商業心理學家，他知道該怎麼做，所以我說：「好吧，老爸。」

他來上班，和我們一群人促膝長談，在深夜和洗碗工一起工作，了解餐廳的大小事。他的工作過程令我感到有點尷尬。我最不想要見到的就是一群過分多愁善感的T團體（T-group）[1]處理他們的感受。我甚至不喜歡談論感受——談感受太痛苦了。他的做法不聰明，而且就像每個孩子對父母的缺點都太過清楚，我對他的缺點也是同樣清楚。我不想要同事們因為我父親而對我有不好的看法，而且我從來不喜歡那套坐下來、牽起手，把情感說出來的嬉皮心態。

當然，那只是我擔心會發生的事——他並沒有要求他們所有人手牽手，不過他確實有一些小小的角色扮演活動。即便如此，要求人們在他們不想要的時候保持情感上的親密這件事，莫名讓我深感不舒服——感覺太做作了。那不是我的方式。而這也許有部分和我在情感疏離的五〇年代長大有關，因此我沒有合適的詞彙來談論人與人之間的關係——我寧願做些事情來了解某人。我寧願一邊做飯一邊和他們說話，也不要參加心理治療團體。

但重點是，他的辦法讓人們留下深刻的印象。他找到人負責咖啡館的業務，而且和我們的領班密切合作。那是我第一次認為餐廳可以被整合管理。他挑選了餐廳的第一任總經理，甚至引進一台電腦。我心想，喔，不！但到頭來，我喜歡他所做的事情。而他喜歡成為這家餐廳的一分子，在他後來出版的書中，他花一整章的篇幅介紹帕尼斯之家非常非正統的、自然發生的管理經營。他以前不曾見過任何公司像這樣運行，但他真的在帕尼斯之家看到了某種東西。他將那本書取名為《有機領導力》（*Organic Leadership*）。

1 譯注：寇特・雷文（Kurt Lewin，1890-1947）於一九四五年創立國家訓練實驗機構（National Training Laboratories），並開創出不同於歐洲精神分析的治療團體，也就是T團體。

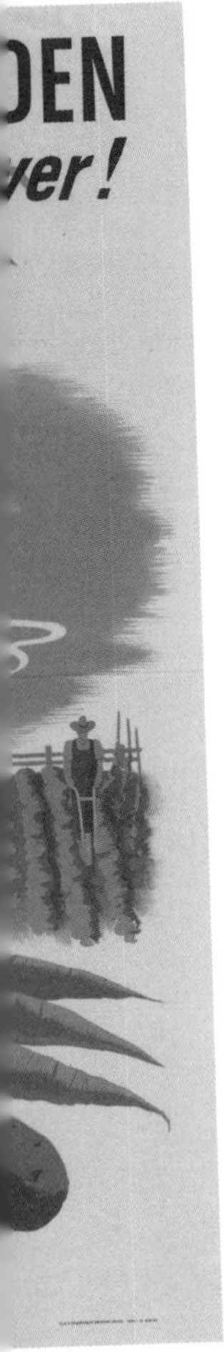
DEN
ver !

03 園圃女王

（U.S.D.A. War Food Administration）

戰時食品管理局為勝利菜園計畫製作的海報。

Queen of the Garden

我在二戰接近尾聲的一九四四年出生，因此我是在某種特殊的戰後文化於美國興起的過程中長大成人——那個文化的重點，是提倡一個關於何謂「美國」的特定概念。我們剛拯救了歐洲，國家正處於經濟繁榮時期——這是我童年時代的記憶。對我這樣的孩子而言，很多關於美國的事都令人滿意，但前提是不要看得太仔細。社會存在著從眾、麥卡錫主義、冷戰，以及靠吃小藥丸苦撐的家庭主婦。當然，食物也是個問題。美國人在美食或農業方面從來沒有深厚的根基；我們吃飯不是為了享受美食，我們種植糧食也不是為了風味。因此，當大公司推出節省時間的烹飪小工具和捷徑，美國人就上當了。我們被徹底收服了。當時的觀念認為煮飯是一件苦差事，而這些器具幫助女性完成艱鉅的工作。它被宣傳為某種家庭主婦的解放，如果味道是解放的代價，那就犧牲味道吧。於是各式各樣的便利產品紛紛出籠：電動切肉刀、冷凍食品、攪拌機、電視晚餐。那些東西我母親全部都有，真的全都買了——但也許是因為那些便利產品所致，她花了很長的時間才成為一名好廚師。

除了和姊妹們爭吵之外，我對晚餐最深刻的記憶是，我們全家每天晚上七點鐘一起圍坐在餐桌旁，以及我必須坐在那裡直到吃完盤子裡的所有食物，無論是冷凍豌豆或冷凍皇帝豆，還是番茄沙拉或夏天從園圃裡採摘的整根玉米。有時我們會吃雞肉，或在非常特殊的日子吃牛排——我總是想吃牛排和四季豆，那是我心中理想的一餐。但更多時候，我們吃的是有牛絞肉的砂鍋菜，熱狗配切達乾酪和一片培根，番茄醬肉餅，或是雜碎的罐頭。噢，還有結球萵苣沙拉，配上瓶裝叉骨牌（Wishbone）沙拉醬。還有冷凍魚條！我們吃晚餐從來不搭配麵包，只吃烤馬鈴薯，或偶爾吃班叔叔牌（Uncle Ben's）的米飯。晚餐通常都不會有甜點，除了我們所謂的「水果杯」，也就是罐頭水果沙拉，裡頭的水果全被切成小碎丁狀；我會先把珍貴的馬拉斯奇諾櫻桃（maraschino cherry）[1]撈出來吃。有時我和母親會一起在下午打香蕉奶昔——將香蕉、冰塊、牛奶和香草精一起攪拌，倒入一個長玻璃杯，但甜食的部分就這樣了。

我的母親注重健康飲食，即使在一九五〇年代——她花很多時間學習關於健康飲食的新知。早上，她會收聽當時的健康大師卡爾頓．弗雷德里克斯（Carlton Fredericks）的廣播——他主持一個營養學熱線節目，叫做「為生活設計」（Design for Living）。那時的「健康飲食」和現在很不一樣：例如，培根是健康飲食很重要的一環。儘管如此，她從來沒用過人造奶油，幸好她沒用——此外，我們家裡有很多全脂牛奶。然後是維他命、維他命，更多的維他命——母親真心相信維他命，直到今天我仍然服用維他命，不過年紀還小的時候，我偶爾會無法吞嚥下去，於是便趁她不注意時把藥錠吐到餐巾裡。平常日的早上，我們吃蛋和培根當早餐，週末的時候，父親會做鬆餅。我們吃葡萄柚或又大又多汁的臍橙，而我通常會吃一片塗滿厚厚奶油的黑麵包吐司配三片培根——我想吃多少培根和奶油都可以。為了我的健康著想。

1 譯注：經過鹽水浸泡的瑪拉斯卡櫻桃（Marasca Cherry），用糖漿或利口酒醃製成甜櫻桃。

我小時候不太喜歡麵包，因為母親買的是培珀莉牌（Pepperidge Farm）的黑麵包。那時候，別人家都是吃白麵包，但我也不是很喜歡白麵包，只喜歡它鬆軟的口感。烤過的英式馬芬是我第一次對麵包產生「噢，我**喜歡**！」的經驗。城裡有家麵包店會製作新鮮的純白麵包，但即便如此，對我也沒有任何吸引力。他們美妙的糕點則是另外一回事了。他們家的果醬甜甜圈，是孩子們放學後的致命誘惑。那間店只是查坦市區主街上的一間普通美式麵包店，供應閃電泡芙、杯子蛋糕和果醬甜甜圈。母親大概都是去那裡買我們的生日蛋糕。果醬甜甜圈裡面的餡是覆盆子果醬——內餡酸，外皮有著滿滿的糖，熱騰騰地從油炸鍋出爐。我和朋友們在走出麵包店之前就把甜甜圈吞下肚了，而且我知道我正在做一件被禁止的事——我**絕對不會**讓母親知道。她總是說：「甜食對身體不好。」

但在碰到派對食物時，母親的健康飲食觀念似乎就被拋到九霄雲外去了。我的父母偶爾會辦一些派對，但不會太頻繁。如果他們要邀請別人來家裡作客，譬如父親最好的朋友蘇利弗一家（the Sullivers），他們會準備話匣子玉米片（Fritos）和蘸醬、起司配全麥點心餅乾（Wheat Thins）、麵包和酸甜醃黃瓜（我超愛）、撒上紅椒粉的魔鬼蛋——這些是開胃點心。我喜歡麗滋（Ritz）小圓餅乾配切達乾酪和酸甜醃黃瓜——那是我理想的派對食物。

感恩節是一年中最美味的大餐。桌上會有美味的絞肉南瓜餡餅，有著美味的餡料、蔓越莓醬，最上面是地瓜和棉花糖，送進烤箱裡烤到上色。母親不是厲害的廚師，而且不喜歡吃甜食，但她喜歡餡餅，而且很會做餅皮和餡料。遇到特殊場合時，她會端出芭菲派（parfait pies）——用新鮮草莓或櫻桃做的冷藏卡士達派。

父親喜歡的食物非常特定。他讓我認識了牛排和椰子。他喜歡椰子蛋糕，可能是因為華特斯奶奶以前會做多層椰子蛋糕。我們總是吃桃子冰淇淋和椰子蛋糕慶祝我爸的生日。那是他的最愛。他的生日是八月十號，正是桃子盛產的季節，所以我們就用當季的風味來慶祝。冰淇淋不是我們做的——肯定是我母親買的，但我和姊妹們負責做蛋糕。不過，蛋糕其實也是用貝蒂妙廚牌（Betty Crocker）的白蛋糕粉——你只要加入雞蛋和水，**大功告成！**我記得我們會用兩個蛋糕盤烘烤，塗上鮮奶油，然後把罐裝椰子絲撒在頂部和側面。

我們的桃子冰淇淋和椰子蛋糕傳統，隨著時間進化成為父親尋找最美味的桃子的執迷，然後用一台手動機器從頭製作冰淇淋，從不冷凍它，而是在口感最完美的時候，直接從攪拌器裡挖出來吃。接著是蛋糕的部分！它變成帕尼斯之家的一款海綿蛋糕。我們每年都會花力氣尋找新鮮椰子，把椰子殼敲開，倒出椰子汁，將椰肉刨成絲。然後我們從新鮮的刨絲椰肉擠出椰奶。你必須把過濾布擰乾才能得到珍貴的半杯椰奶。我們把椰奶倒在海綿蛋糕上——各位難以想像這個過程有多費功夫！然後我們烤椰子，為蛋糕加上椰子奶油糖霜，把新鮮的烤椰絲撒在表面。不得不說，現擠椰奶的味道不可思議地濃郁又美味，製作起來非常困難，因此它後來成為帕尼斯之家的一款超級特殊場合才出現的甜點。我們餐廳賣的不完全是我爸的椰子蛋糕，但我們會把椰子奶油倒在有桃子夾心的海綿蛋糕上，創造絕妙風味。

・・・

有一次，老爸和他的兄弟，也就是我的叔叔諾曼（Norman），帶我去澤西海岸外海海釣。我釣到了一條鮪魚和一條鰈魚，他們幫我把魚拉上船。我有一張戴著墨鏡的照片，手裡抓著這些大魚，咧嘴大笑。這是我做過最刺激的事了。我們把魚帶回家，母親用她在《廚藝之樂》（*Joy of Cooking*）讀到的某種芹菜餡填塞整條魚。她用烤箱把魚烤熟，而我認為那是世界上最好吃的魚，可能因為那是我自己抓到的魚。

我很喜歡去朋友家吃飯，朋友家的食物好像比我們家的美味，而且我在別人家會吃得比較多。我最好的朋友帕綺・皮爾（Patsy Pill）的母親很會做墨西哥辣肉醬，我喜歡在他們家吃那道菜。他們的辣肉醬裡大概加了很多大蒜，儘管我當時應該無法辨識出來。在那個年代，人們把大蒜和移民社群與貧困家庭劃上等號——一九五〇年代所謂的傳統食物裡是看不到大蒜的。我小時候從來沒有見過半顆蒜頭，不過我在香料櫃裡看過乾燥磨成粉末的大蒜鹽。我父母絕對沒有在他們的園圃裡種大蒜。但我喜歡用大蒜調味過的食物——儘管我不知道我喜歡的其實是大蒜。

人們總是問我：「你最喜歡的蔬菜是什麼？」或「你最喜歡的香草或香料是什麼？」而我的答案永遠都是大蒜。我不能沒有大蒜。不能沒有。這說來好笑，因為我童年時完全沒接觸過大蒜，而且我們在餐廳成立初期並沒有使用太多大蒜——帕尼斯之家對大蒜的痴迷，是我們在一九七六年決定舉辦一場大蒜收穫慶典才真正開始的。不知怎地，我們把慶典和巴士底日（Bastille Day，即法國國慶日）連結在一起，然後決定於每年的七月十四日舉辦——七月中旬正值大蒜盛產期。我想我們一直有點想要搞革命。

在我們開始舉辦大蒜節後，我學到很多有關大蒜的知識。我們到田裡親手採收大蒜，然後觀察它在整個季節的變化和乾燥情況。每天使用大蒜，真的會變得非常了解大蒜。在第一屆大蒜節的當晚，每道菜都有大蒜，而且人們想吃到最原汁原味的大蒜。我們用烤箱烘烤大蒜、用明火燒烤大蒜、把大蒜搗成泥、熱炒大蒜——應有盡有。我們甚至做出了大蒜甜點！我們做兩種含奶雪酪（sherbet），一款含有白酒和桃子、油桃等白色水果，另一款則含有紅酒、大蒜和百里香搭配李子、草莓和各種紅色水果。我們當時的主廚是法國人尚—皮耶．穆勒（Jean-Pierre Moullé），他對這個點子非常懷疑，但他不屈不撓地想出了這兩款雪酪。它們好吃嗎？誰知道？我想我們在裡面放的糖量足以壓過大蒜。在最初幾屆的大蒜節，有另一個有趣的計畫是餵大蒜給乳豬的媽媽吃，好讓乳豬能喝到帶有大蒜風味的奶，然後我們再端出有大蒜風味的烤乳豬！我們到牧場把整球的大蒜丟進豬圈。誰知道這種灌注風味的方式是否真的有效？但每個人都喜歡這個主意。

就像其他的美國人一樣，我的父母聽從羅斯福總統（Franklin Delano Roosevelt）的建議開始種菜，為戰爭盡一份心力——他們種菜就是為了對戰爭有所貢獻，為了養活他們自己和其他人。儘管父親自認是共和黨人，但他喜歡小羅斯福。我媽媽也喜歡小羅斯福。小羅斯福絕對是他們萬神殿裡的一員，所以我也很崇拜他，而且把他和愛蓮娜・羅斯福（Eleanor Roosevelt）視為英雄——我總是跟著喜歡母親喜歡的人。她常常告訴我，戰爭期間，他們用收音機聽了羅斯福的所有爐邊談話。

父親非常有公民意識，因此二戰期間他覺得很難為情，因為他的眼睛毛病使他無法參軍；他有近視。他退而求其次，成為社區的防空守衛，竭盡所能地提供幫助。他辛勤耕耘勝利菜園——菜園幾乎由他全權負責，因為母親要負責照顧所有的孩子。每到週末，只要有空閒時間，我就會看到他在菜園裡鋤地——「無所事事，易生邪念」是我們在家裡常聽到的一句話。

那個勝利菜園在我的回憶裡肯定已經變得不成比例——人們認為我對蔬菜的愛好全都源於它！我的確認為，我生命中的一些基本味覺記憶，來自那個菜園裡的玉米和番茄。菜園的面積蠻大的，至少我感覺它很大，在我們巴塞克大道的房子後面，兩塊地一路延伸到溪邊。菜園井然有序，作物都排成一列列——我父親做事極度有條不紊。菜園裡有高大的蘆筍、一團團紅色的紐澤

・・・

二戰期間，我父親是社區的防空守衛。

西牛番茄、甜椒、大黃、一大塊草莓田，最後面還有蘋果樹。當溫度要降至零下時，父親會指示艾倫和我去菜園，幫所有的番茄戴上紙帽子加以保護。父親可能會像個獨裁者：「把樹葉耙起來！」「把草坪上**所有的**馬唐草拔掉！」他想要對馬唐草**趕盡殺絕**——他是個完美主義者，我肯定有遺傳到他這一點。

在我還是小女孩，大概三、四歲的時候，母親經常發現我在炎熱的天氣裡坐在草莓田中央，大啖被陽光曬暖的草莓。我喜歡待在那個菜園裡。多年後，我在法國留學時看到一棵開花的蘋果樹，很想撲倒在樹下，任憑蘋果花瓣落在我身上。我在樹下感到無比自在。後來，我把這件事告訴了母親。她說：「嬰兒時期，如果你哭，我會把你放到後院蘋果樹下帶有蚊帳的嬰兒車裡。花會飄落到蚊帳上，然後你立刻就不哭了。」

一九四八年的夏天，我四歲，查坦市立游泳池舉辦了一場社區變裝比賽。到了夏天，游泳池在每週都會舉辦不同的比賽——遊戲日、藝術和手工藝日——但變裝大賽是最重要的。母親顯然很高興能夠藉機發揮創意，於是大展身手。艾倫的造型是「一九四八年小姐」，穿兩件式泳衣，上面貼滿一九四八年的剪報和頭條新聞；母親為她做了一頂像日本摺紙藝術一樣的報紙帽，和一條精心打褶的報紙裙。接著，她把我打扮成「菜園女王」。她從勝利菜園採收各種水果和蔬菜，然後善加利用：她用蘆筍蕨類般的植株頂部做出一件大蓬裙，萵苣葉則是變成了一件緊身胸衣。她把用草莓做成的皇冠戴到我頭上，拿小紅椒做手環和腳鍊，還在我的耳朵上戴辣椒「耳環」。

我拿到了頭獎，獎品是全新的丘比娃娃（Kewpie doll）。我記得被唱名到禮堂舞臺上領獎時的震驚——我不敢相信我贏了。這對華特斯家而言是很了不起的大事。

除此之外，我唯一贏過的比賽發生在我讀三年級那年。老師要我們用生活雜物做出任何我們想要的東西，用紙板、緞帶、彩色美術紙、小鈕扣、金蔥粉、零碎布料、蝴蝶結和蕾絲。我用有凹槽的鋁製砂鍋菜盤做了一頂帽子。我幫帽子加上蕾絲邊緣，並在帽子側邊裝上一大束紫色布料製成的紫羅蘭，接著附上緞帶——如此一來我就能把帽子掛在脖子上，並把帽子斜著戴，顯得快活。我的作品得到頭等獎或二等獎。在那之後，有很長一段時間，我都會想，**如果做什麼都失敗，我至少還能當個帽匠！**也許這就是我在帕尼斯之家開業頭三十年戴那麼多頂不同的帽子的原因。

．．．

我的父母總是有很多的水果和蔬菜，把它們物盡其用是勝利菜園哲學的一部分。母親用大黃做果醬，用多餘的蘋果做蘋果醬。我們發送蔬菜，和對街的蘇利弗夫婦交換蔬菜，就像這年頭社區菜園舉辦的食物交換活動。母親在這方面非常節儉。她肯定有在菜園裡持續堆肥，因為我家整個星期只用一個小垃圾桶——我們一家六口，垃圾桶只有四十六公分高，大概三十公分寬。我們在垃圾桶裡放一個紙質的雜貨袋，所有垃圾都必須裝進裡頭。我們家可是有六個人！

相較之下，我五歲時搬進的范多倫大道房子，菜園很小，但我父母一輩子都保有一個菜園。我們在這個菜園裡也種了幾株玫瑰，不過父親實在是太過整潔的園丁，不允許攀緣薔薇或大型的古典攀緣植物生長。但母親很喜歡花，而且總是會特別指給我看。拜她所賜，我認識了菜園裡每一種花的名字。那裡有桃金孃，紫色和白色的小紫羅蘭，很多的金銀花和散發不可思議香氣的大花鳶尾，還有連翹樹籬。我會躲在連翹樹籬下幾個小時，看著螞蟻沿著一路縱隊走向蟻丘——那是完全屬於我的小天地，愜意又心滿意足。每年四月底，我生日的時候，她會摘一束鈴蘭給我。（五十歲生日時，我的朋友蘇西〔Susie〕收集了威尼斯城的每一束鈴蘭，把它們帶到舉辦生日慶祝會的餐廳——整間餐廳聞起來就像我的童年。）

我們家後院有三棵我很喜歡的大垂柳——樹枝垂得很低，我可以鑽進樹裡躲起來。我和家中姊妹們常用垂柳柔軟的樹枝做王冠，或用草地上的英國雛菊做小花鍊。如果我們用蒲公英做花冠，父親會很高興，因為那代表它們被從草坪上拔掉了——但他也會命令我們把長長的蒲公英主根挖出來（那不是容易的事）。我向來不喜歡黃色的花，也許這就是原因。

帕尼斯之家開業大概滿十五年的時候，父親看到我們和多家農場打交道、試圖取得優質有機農產品的過程不太順利，於是想要幫助我們。「你母親和我有的是時間，」他告訴我，「我們可以找到想要專門為帕尼斯之家耕種的農民。」他們兩人去加州大學戴維斯分校，打聽距離帕尼斯之家一小時車程內所有從事有機種植的農民。他們得到一份約二十人的名單，然後用六到八個月的時間拜訪了每位農民。他們樂在其中。最後，他們回到餐廳，然後父親向我們做了簡報。「我們有三個人選，」他說，「但我們最喜歡其中一位。他有點像你：他很古怪。」然後他講起開車去索布雷維斯塔農場（Sobre Vista）拜訪鮑伯．卡納德（Bob Cannard）的故事；他看到菜畦雜草叢生，和小麥還有天知道是什麼的植物混雜在一起——沒有整齊的一排排作物。真是一場災難，我父親心想。

接著，鮑伯帶我爸走進田野裡，撥開雜草，拔出一根胡蘿蔔，給他咬了一口——那根胡蘿蔔無可挑剔，一切盡在不言中。父親和鮑伯一拍即合。沒有人比他們兩個更南轅北轍了，但父親很體貼地接納鮑伯本來的樣子，最終甚至像對待兒子一樣對待他。我父親有勇敢放手一搏的能力——看到完全不屬於自己舒適圈的人，還能識出對方的驚人才華。鮑伯．卡納德為帕尼斯之家種菜至今已有三十年了。他和我父親完全相反：他讓所有曾被我們當作雜草的植物生長——蒲公英、刺蕁麻和馬齒莧——然後把它們賣給我們！多虧有他，我們做出了最好的青蔥和凋萎蕁麻披薩。

．．．

母親的阿姨，也就是我的姨婆伊娜，她的家裡有一大片紫色丁香花樹籬，我一直很喜歡這種花的香味。每年紫丁香開花的短短幾週，她會摘下那些紫丁香，把它們插到家裡各處的花瓶裡。我的姨婆伊娜經常從紐澤西州的朗布蘭奇（Long Branch）來看我們，秋天的時候，她和母親會開著我家的老普利茅斯到樹林裡兜風——我們都會一起去兜風，看看變換顏色的樹葉。春天的時候，我們會再去兜風一次，尋找正在綻放的粉紅色和白色的山茱萸。母親和伊娜姨婆都是愛花的人，而且會教我辨識植物。這是和大自然交好的方式。

我在前面說過，伊娜姨婆是我從未見過的外婆、也就是我母親的母親愛德娜的姊妹，伊娜姨婆在母親的親生母親去世後，成為了她的代理母親。伊娜姨婆沒有撫養我的母親，但她們一直非常親。對我們而言，伊娜姨婆比希克曼外婆更像我們的外婆。伊娜姨婆做什麼都**很有**品味，而且對我影響甚大。她是我母親最最愛的人，她倆是莫逆之交。夏天的時候，我們會在去大西洋城拜訪希克曼外婆的途中，繞到朗布蘭奇探望伊娜姨婆。她在那裡有一棟很棒的屋子，舒茲伯利河畔（Shrewsbury River）美麗的殖民地風格老宅。

伊娜姨婆以前會高喊：「小雪茄！出發了！」小雪茄（cheroot，一種兩頭都剪平的雪茄）是她年輕時抽過的一款雪茄，而那有點像是我們坐進普利茅斯準備出發兜風時喊的經典口號。她非常活躍：熱情親和、積極正向，隨時準備去冒險。她是個身材高大的女人，個頭很高，體型不粗壯但結實，把一頭長長的灰髮向後梳，用髮簪捲起來，那是一九三〇年代的風格。她的牙醫丈夫去世時，她才五十歲，而她活到了一百零一歲。五十一年來，她獨自住在這棟據說格蘭特總統

一九四八年，伊娜姨婆和我、蘿拉與艾倫。

（Ulysses S. Grant，美國第十八任總統）曾住過的老房子。每個房間都有壁爐，每個人都能有自己的臥房，美麗的內院中間有一池許願井，內院還有爬滿藤蔓的門廊環繞，大門通向小徑，古時候人們會從小徑把馬牽進去，還有和地界平行種植的紫丁香樹籬。

早期的西班牙建築令伊娜印象深刻，此外我後來才知道，有些我以為是古董的東西，像是燈和燈罩，都是她的即興創作。屋內的主壁爐旁邊有一張長凳，可以拉成一張桌子，坐在左右任一側，靠近溫暖的火——我很愛那張桌子。她還有兒童尺寸的墨西哥小椅子給我們每個女孩坐。她在廚房水槽的上方，用一排排的古董多色玻璃瓶布置牆面，就好像洗碗時面對著彩色玻璃一樣。廚房的角櫃裡擺滿了她蒐集的漂亮的西班牙餐盤——每個餐盤都不一樣。還有七彩的水杯和茶杯：靛藍色、翠綠色、淡玫瑰色。伊娜姨婆會榨柳橙汁，把果汁倒進那些小玻璃杯，讓我們各自選擇想要的顏色。我總是喜歡綠色的。

伊娜姨婆不太喝酒，但很偶爾會想要稍微小酌一下。直到去世之前，她每天都倒立。她倒立！每一天！我記得早晨看到她穿著睡衣靠在牆上，頭下腳上。每一次我們拜訪她並留下來過夜時，她總是想要其中一個女孩留在她的臥室裡，但我在那裡聽著她的鼾聲不太能睡。我以為每個老人家都這樣：打鼾，倒立。

後來，我讀高中時，伊娜姨婆搬到南加州，帶走了那棟房子的精華。她讓自己適應起加州的植物和景觀，打造出一個奇妙的小仙人掌花園，裡面有各種不同質地和色調的低矮多肉植物，就像一床小被子。她的後院中間有一棵粉紅胡椒木——我們會一起坐在胡椒木蕨類般的樹枝下。她走到哪都能創造美。

我很幸運兒時經常接觸大自然，感謝伊娜姨婆和我的母親。她們向我展示春天球莖發芽的美、秋葉的美，還有樹木在冬天被冰雪覆蓋、經過燈光照射閃閃發光的美。我真的相信大自然是每個人的母親——而且我認為，和大自然脫節是很多現代疑難雜症的原因。我們沒有感受大自然，既沒感受它的美，也沒得到它的滋養。我們被丟到城市街道上，只能自力更生。美這個詞已經被速食文化奪走了——我們不再知道美是什麼意思。事物被說是美麗的，但其實不然。我們被告知美是昂貴的——是你買不起的，美麗的事物只屬於那些賺很多錢的人：「加油，努力賺大錢，你也可以擁有美！」

但不管有沒有錢，你都可以把房子變美。美化房子可以是很簡單的事，例如把彩色玻璃瓶放在窗臺上，像伊娜姨婆一樣，或是點蠟燭。（終於講到照明了！照明很重要。）走進一個美麗的空間——無論是自家房間還是世上的某個地方，都是巨大的誘惑。當某個東西是美麗的，人人都會意識到。就像走進一片原生紅杉林或親眼目睹一次非凡的日落——沒有人不會看到目瞪口呆。你在想什麼或你是誰都不重要。看到那樣的美，會讓人肅然起敬。

我的看法是：我不認為辨識或創造生活周遭的美，是一種僅限於天賦異稟或家財萬貫之人的技能。伊娜姨婆和母親帶我認識了大自然，並向我展示如何辨識美。這是關乎洞察力和鑑賞力的問題，但任何受過一點教育的人都能看到這種美。速食文化剝奪孩子看見生活周遭美好事物的機會；他們沒有感受到它，沒有觸摸到它，沒有嗅聞到它，沒有透過他們的感官過生活。美和生活中的一切都有關：洗碗時你的眼睛想看什麼？你能夠自己製作燈罩而不是花錢購買嗎？你的園圃要種哪一種玫瑰？你可以在消防梯上種哪些香草植物？你想要爐子上擺的是哪種平底鍋？它有什麼樣的鍋柄？

我最終就是用這個方式思考帕尼斯之家的設計，特別是廚房的設計。我想要廚房是一個美麗的空間，不只是為了顧客，也是為了在廚房裡工作的人。這不意味著要花很多錢（因為我們剛起步時絕對沒有很多錢）。當你沒有很多錢，你必須發揮一點創造力：我們專注於為空間打造秩序，讓它感覺整潔且使用起來不費力。有時，只是需要換一顆燈泡，在牆上貼一張海報，或者擺放一只盛著漂亮食材的碗。在美學上，美麗的工作空間讓我感到自在且充滿靈感。美不應該是後來添加上去的東西。適切的環境可以讓人愉快地從事任何工作，無論任務有多小。

⋯

小時候，我能感覺到我們生活在城裡比較貧窮的區。查坦市有富裕的區，也有貧窮的區；其中一區有一座公共游泳池，另一區則有很多私人游泳池。但我不太思考貧富的問題，除非扯上了父親那邊的親戚。我以前總是在籌錢，只為了買一根冰棒，但我完全不感到貧困。我除了我們家擁有的東西，其他什麼都不知道，而且我的父母很快樂。我們家有足夠的食物，有地方睡覺，有一個感情很好的家庭，而且我還有我的朋友們。但我確實知道，當我們去拜訪富有的瑪麗安（Marian）姑姑和哈利姑丈時，要遵守不同的行為準則。父親的姊妹，也就是我的姑姑瑪麗安，嫁給了哈利・沃克（Harry Volk），他創辦了加州聯合銀行（Union Bank）。他們是我在加州的有錢姑姑、姑丈和表兄弟姊妹，他們會寄舊衣服給我們。他們家絕對很有錢。一九五〇年代，哈利姑丈就有一輛克萊斯勒帝國豪華轎車，裡面甚至有黑膠唱盤機。父親和他們相處時很緊張。我們到布倫特伍德（Brentwood）拜訪他們時，必須表現出特定的行為舉止——父母嚴令我們要有規矩、禮貌。

我們家是中下階層——我們從不外食，從不買新衣，而且我母親非常節儉。伊娜姨婆有自己的房子，但她並不富裕。哈利姑丈完全是在另一個不同的等級。

我不記得我是否曾難過沒新衣服穿，難過自己必須穿姊姊的舊衣服。不過我每次需要換鞋的時候，倒是一定能買新鞋。鞋子是我唯一可以添購的新物品——母親認為，我們都應該擁有堅固的合腳鞋子，她會帶我們去鞋店，店家會非常仔細地測量我的腳長和腳寬。但我只穿舊衣——爬上閣樓是我每年秋天的儀式，我到閣樓看看母親放在那裡的衣架，然後從艾倫已經穿不下的衣服中挑選。那些衣服太耐穿了——它們永遠穿不破！可憐的蘇珊。

小時候，我看過那個「百萬富翁上門發送一百萬元」的電視節目——節目的內容是看這個人會如何花用一百萬。小時候的我很愛那個節目。我總是想成為得到一百萬或是發送一百萬的人。我希望我有一百萬元，這樣我就可以把錢捐出去。我**很愛**把錢捐出去。直到今天，我從來不花超過我認為自己能賺到的錢——如果我無法想像自己賺得到這筆錢，我就不會花。但如果我能想像的話，我在拿到錢之前就花掉了。我從來沒有給自己設定預算，也沒有記過帳。自有記憶以來，我一直是這樣的——我總是在錢到手之前就把錢花掉了。

我從未感覺別人因為我們有錢或沒錢而對我的態度有所不同。種族比金錢更會切割人群。查坦市不允許開設電影院，因為當局認為這代表「不受歡迎的」族群會來到城裡。為了看電影，我們必須去隔壁的城鎮麥迪遜（Madison）。種族的因素在這之中多過階級或金錢，儘管三者全都相互關聯：黑人的代號就是**不受歡迎的人**。我的學校裡沒有黑人小孩，但就連來自希臘或義大利的人也被認為是「不受歡迎的」。譬如，有個住在我朋友帕綺．皮爾家隔壁的女孩就被認為是異數，因為她來自義大利家庭。我對她很好奇，但我們避免和她玩在一起。我現在想起這件事都感到非常羞愧——從童年起，我們不知不覺地接受了對人的偏見。我相信，如果你和與自己不同的人一起成長——在你還是孩子的時候，和他們一起在草地上打滾，和他們在學校一起吃飯，你就永遠不會失去那份親近的連結，以及與生俱來的開放胸襟。

我們家沒有錢，但我們從來不去速食餐廳。我父母知道速食比較便宜，但母親感覺吃那些食物對我們不好，而且她認為她在家為我們做飯可以省更多。我這輩子唯一去過、真正的速食餐廳是豪生（Howard Johnson）——那是早期的一間全國連鎖餐廳之一。冰淇淋是豪生的招牌，夏天去豪生是我們一家最大的享受：他們有**數不完**的口味。這肯定是一九五〇年代初期的事。父親會開車去麥迪遜或薩米特（Summit）的豪生——從查坦開車到那裡大約要半小時。我們是專程去吃冰淇淋的，沒有吃過其他餐點。我喜歡奶油糖和櫻桃香草，這些是我最愛的口味。

我後來發現，我非常敬佩的雅克．貝潘（Jacques Pépin，後來變成我的好友）初來乍到這個國家時，曾擔任豪生的顧問。帕尼斯之家開張後，雅克來過很多次，而且他是第一圈（the first circle）[2]的老師；一九八〇年代初的某天，他在帕尼斯之家做了一頓飯——他甚至為菜單畫了插圖，還附上親筆簽名！我們的咖啡館每天仍按照他傳授的方式製作酥餅（galettes）。

．．．

2 譯注：在《神曲》中，但丁描述靈薄獄（Limbo）是地獄的第一圈，位於冥河之外。

我喜歡「幽默人」(Good Humor Man)的冰淇淋。我喜歡這個品牌的名字,幽默人——是不是很有畫面?幾乎每個夏日午後,他都沿著范多倫大道行駛,播放著叮噹作響的音樂。我年紀還很小的時候,會從母親的錢包裡偷五分錢去買冰淇淋——但我確信,每個人早就都知道我在偷冰淇淋錢。我躲在街上、在母親看不到我的地方,等著攔車買冰淇淋和含奶雪酪。我的最愛是一款櫻桃萊姆冰棒——它有一面是萊姆,裡面有一些萊姆皮,另一面則是櫻桃,裡面有櫻桃碎。那時的我不太喜歡巧克力——我喜歡奶油糖,但不喜歡巧克力。

如果你參與一場關於食物的重要哲學討論,並且要試圖說服別人相信某事,你要為那個人端上他或她此生無法割捨的食物。遇到這種情況,我常常會搬出桑葚冰淇淋。鮮美的食材是冰淇淋好壞的關鍵。餐廳開業後,我們開始尋找那一帶最好的水果——在索諾瑪(Sonoma),我們找到擁有一棵巨大老桑樹的農民查理.格雷奇(Charlie Grech),然後開始把那棵樹結的果實引進餐廳。桑葚極其嬌嫩,而且產季又短,因此我們總是在桑葚成熟的短短幾週,在水果碗內擺最完美的桑葚。剩下的桑葚,我們會熬煮成糖漿,可以用來製作冰淇淋一整年。這是一種獨一無二的神祕口味。

有一年八月,為了慶祝餐廳的開業週年,我們決定在餐廳前的人行道發送桑葚冰淇淋甜筒。但我擔心如果我們只是直接把冰淇淋送人,半分鐘就會被拿光了,所以我們每一支甜筒收兩塊錢。

我安排女兒和她的朋友去賣甜筒——她當時大概八歲。想當然爾，它們還是不到一分鐘就銷售一空！有個買了甜筒的男子後來特別走上前跟我說：「這是我這輩子用兩塊錢買過的最棒的東西！」桑葚口味是一款讓人驚豔到下巴掉下來的冰淇淋。

．．．

紐澤西的夏季期間，我記得有煙霧機——至少，我們都稱呼它為「煙霧機」；我們都很愛煙霧機，因為它會噴出一種薄霧，我和家中姊妹們會騎腳踏車追在它的後面，這樣我們就可以消失在霧裡。我記得母親**尖叫**著要我們遠離它，扯開喉嚨的那種尖叫。那些人是殺蟲業者，他們幾乎每個夏日傍晚、太陽下山的時候，都會來消滅蚊子。他們真的很常來，因為這裡是非常濕軟的沼澤地區。我**無法想像**他們怎麼會每晚都這樣噴灑殺蟲劑，而且還允許孩子們到彌漫殺蟲劑的室外。

父親在院子擺了一個燒烤架，室外溫暖的時候，他會烤牛排，然後從我們的菜園裡摘玉米，全部扔到燒烤架上。每年夏天，我都愛吃牛排和烤玉米。父親週末假日常常在家燒烤——雞肉、肋排，什麼都烤。我記得他在外面抽菸，小心翼翼地照顧牛排，用鉗子轉動玉米，穿著短袖襯衫和沒有一點汙漬的圍裙——他就是潔癖到這個地步。

父親從未停止工作，而且抗拒休假。但有一年夏天，他因為必須到緬因州接受在職訓練，於到了夏天，我們常常追著「煙霧機」跑。

是在他訓練期間，我們全家都跟去海邊度假。我們住在一間名叫「經濟小屋」（EconoLodge）的旅社，我和姊妹們在玉米田裡玩捉迷藏。我們都非常喜歡新英格蘭地區，喜歡到連父親都相信假期還是有其值得之處。此後，每年夏天我們都去新罕布夏州的斯夸姆湖（Squam Lake）。我們會在晚上的海灘生火，吃燒蛤（clambake）[3]，把所有的蛤蜊倒在和蛤蜊打包在一起的海藻上，然後再堆更多的海藻上去。

在帕尼斯之家開業早期，我有一次重現了我們家在斯夸姆湖吃燒蛤的氣氛，我們在餐廳後面的院子裡煮龍蝦。帕尼斯之家當時的主廚馬克・米勒（Mark Miller）來自東岸、龍蝦的產地，所以他絕對是內行的。在那之前，我們還不曾用火烹飪——室內的廚房沒有正規燒烤架，所以我們在後院挖了個坑，拿石頭圍住火坑邊。馬克買了活龍蝦和好幾盒的海藻，在室外的坑裡生起大火。他把所有東西都燒到極燙，把活龍蝦放在海帶上，再用更多海藻覆蓋住，然後把一個大鍋罩在食材上。我不敢相信我們在後院做了這件事，而且當晚還讓餐廳出了這道菜！蒸氣和煙大到我擔心消防隊會出現，但那些龍蝦很美味——它們吸收了木頭的所有風味，而且熟度恰到好處，和帶有

3 譯注：美國新英格蘭地區的一道海鮮料理，傳統的燒蛤會在海邊挖炕窯，將蛤蜊和其他海鮮搭配玉米和馬鈴薯等食材，一起放在兩層海藻之間烹煮。

海水味的海藻及底下的芳香木材一起薰蒸。我一直很想再烹煮那樣的龍蝦，但這需要大量的海藻和大量的專業知識。

．．．

在斯夸姆湖上，我們有一艘掛有舷外引擎的小划艇，父親把它命名為SALEM C.——取自蘇珊、愛莉絲、蘿拉、艾倫、瑪格麗特和查爾斯的首字母。我們會乘船前往湖中央的亞德群島（Yard Islands）採集迷你的野生藍莓。如果我們帶了野生藍莓回家，父親就會做野生藍莓鬆餅給我們吃。我們也是在斯夸姆湖第一次玩桌遊「拼字塗鴉」（Scrabble）——它大概在那時被發明。有一年，蘇珊和蘿拉得了水痘，不能到處跑，於是我們一起坐在寬敞的環繞門廊玩拼字塗鴉。那是四個女孩難得玩在一起的時光——當然，我們在那裡沒得選擇玩伴，但我們四個人在斯夸姆湖玩得很開心，採野生藍莓，爬丘科拉山（Mount Chocorua），一起走進大自然裡。多年後，我在電影《金色池塘》（*On Golden Pond*）裡一眼就認出斯夸姆湖：由划艇、湖上日落、松樹、沙灘和寂靜構成的懷舊場景。

04

當潮水湧入

When the Tide Rushes In

羅森堡夫婦遭處刑的新聞版面，那天是 1951 年 4 月 6 日。

FINAL

DAILY NEWS

Copr. 1951 by News Syndicate Co. Inc. NEW YORK'S PICTURE NEWSPAPER Trade Mark Reg. U. S. Pat. Off.

Vol. 32. No. 245 New York 17, Friday, April 6, 1951* 88 Main+4 Manhattan Pages 3 Ce

A-SPY COUPL

DOOMED TO

Use Chiang's Army, Mac

On Way to Chair. Gloved hands folded, Mrs. Ethel Rosenberg, 35, rides in rear of prison van on way to of Detention. Julius Rosenberg, 32, is separated from his wife by wire screen in va Courthouse. They were sentenced to death for passing A-bomb secrets to Reds, enabling Russia to perfect bomb ahead of schedule.

（New York Daily News Archive/Getty Images）

說到睡眠，人真的只記得睡不好的時候。小時候，我總是覺得夏天太熱，被蚊子叮得渾身包，翻來覆去。我睡覺時一向很敏感——在睡衣派對上，我會先把枕頭和毯子拿出來，而且總是選擇最舒服的床。我小時候很常做惡夢。有七年的時間，我反覆做同一個惡夢——這情況從一九五〇年代初開始，就是羅森堡夫婦（the Rosenbergs）[1]被處決的時候。有一棟和我們家隔幾戶人家遠的房子總是漆黑一片，而且住在裡面的女人從不發送萬聖節糖果。我夢見她把我拉進屋、帶到後院，然後放到電椅上。在夢中，有個巨大的電動機器人會把我抱起來，放到電椅上，接著我就會尖叫醒來。那個夢糾纏我好多年。母親必須進來拍拍我的肚子，幫助我再度入睡。

那是一段惶恐不安的時期。我們小時候，學校會響起空襲警報，然後我們得練習如果遭到原子彈攻擊該怎麼做。我們得躲在課桌底下，或是躲進學校的地下室走廊，背靠牆坐，雙手抱頭直到鈴聲停止。

天曉得，五〇年代的時候，人人都拒絕相信正在發生的一切。不只是政治上——人們不談論**任何**事情：誰失業了，誰和誰外遇，誰過得不快樂。作為一家人，我們從不談論任何私事。從來沒有過。尤其是和性或身體有關的任何事情。我們年紀很小的時候一起洗澡，但就僅止於此；我們關著門在浴室裡更衣。這是非常禁欲的成長過程。母親在某些方面是激進分子，但我們年輕的時候，社會上瀰漫著性壓抑的氛圍。母親並未有意識地把這強加給我們，但她自己顯然對性感到不自在，於是這份不安傳給了我們。在當時，幾乎所有家庭都有同樣的狀況。

妹妹蘿拉在我四歲的時候出生，我記得當時我往一個房間裡探頭，然後發現母親正在給妹妹哺乳。我非常震驚——哺乳在五〇年代是不會被看到的事情。媽媽們不是讓嬰兒喝配方奶，就是去非常隱密的地方哺乳。母親當時**確實**是在隱密的地方，她在她的臥室裡——但被我瞥到了一眼。看到這一幕的我很震驚，而且非常嫉妒。我確信這代表母親喜歡蘿拉比喜歡我更多。

在某趟斯夸姆湖度假之旅上，我的父母結識了隔壁小屋的蒙利夫婦（the Monleys）。他們都很愛喝酒，父親則是很高興有藉口提前開始飲酒作樂。因此，當我父母在蒙利家享受歡樂時光時，需要保母在水岸邊顧我們這些小孩。大概是我十歲那一年，有個來自湖區的青少女會過來照顧我們。我被保母豐滿的身體迷住了。我稱讚她好美麗，可能甚至要求觸摸她的緊身胸衣。她嚴厲地斥責我，而我感到非常羞愧——她讓我覺得自己很骯髒。當時的我瘦得像欄杆，穿著寬大的短褲，膝蓋突出並從褲管裡露出來。我戴著牙套，一頭棕色頭髮，瀏海厚重，就像漫畫《布朗小子》（*Buster Brown*）的主角布朗一樣。結果，這個我很欣賞、豐滿勻稱的漂亮大姊姊，羞辱了我。

我在七年級進入青春期。我當時正在上學途中，穿著白色麂皮鞋和白襪子，以及我的白色襯布和粉紅色花朵裙。我驚恐地直接逃回家。我從來沒和母親或艾倫或任何人談論過這件事，但我

1 譯注：美國的共產主義人士，被指控為蘇聯從事間諜活動，於一九五三年遭判處死刑。

知道，**這就是**那個發生在女孩身上的壞事——**詛咒**，我們是這麼稱呼這種事。天哪，當女生真慘。母親給了我一本薄薄的醫學書，放在我的枕頭下，書裡解釋了關於它的一切——這就是我們的討論了。即使到了今天，我還是覺得談論它很尷尬——就連在伊芙．恩斯勒（Eve Ensler）[2]之後，我還是無法說出那幾個字。

我很不習慣和父母談論任何與性有關的事，導致數十年後、當我在三十八歲懷孕時，我因為從此以後母親就知道我已經有過性行為而感到不舒服。我覺得好羞恥。想也知道，當我真的開口跟她說我懷孕時，她只是驚嘆：「太棒了，愛莉絲！太棒了。」她欣喜雀躍，彷彿這是世上最棒的禮物。父親也是一樣。反觀我，卻因為同居男友史蒂芬（Stephen）和我還沒結婚而感到尷尬。我擔憂，是因為她會認為我們「做了」！好丟臉！這簡直太好笑了，但那份羞恥感就是這麼根深柢固。我從來沒跟家中姊妹聊過迷戀的對象——什麼都沒說過。後來念高中時，我喝很多酒，我認為我喝酒主要是為了放鬆。

．．．

第一個迷戀上我的人是里奇．托馬斯（Richie Thomas），在我讀六年級或七年級的時候。里奇會寫匿名紙條給我，署名「祕密愛慕者，ＴＲ」——他把自己名字的首字母縮寫顛倒過來了。（聽明！）儘管我們在學校成為朋友，不知何故，我直到後來離開查坦，才發現是他寄了這些紙條。里奇・托馬斯的字很美，而且是很棒的作家。即使我從查坦搬到印第安納州的密西根城（Michigan City）後，我們仍有聯絡——他是我從文法學校時期一直保持聯繫的唯一一人。

九年級後，我們家搬到密西根城，我對搬家的部分已經沒什麼記憶，只記得我討厭離開查坦。我不敢相信我必須離開。那時，艾倫已經離家上大學了，因此家裡只剩蘿拉、蘇珊和我——我感覺，我和家裡的小小孩一起被拖走。就在我們離開之前，我在足球場上作為我們高中校隊的一員踢球。我總是同年級同學裡最矮的，在球場上一群高大的高年級女生之中顯得很嬌小。比賽中，有人把球大力踢向我，力道強勁，痛得我暈頭轉向。於是我第一次在心中暗忖，**好啊，隨便啦，幸好我要離開了**。

父親本來任職於紐華克（Newark）的保德信，後來他們把父親調到芝加哥——但我們是搬到密西根城，距離芝加哥九十六公里，和密西根湖的海灘僅五個街區之遙。我們的房子位在公車路線上的「第二十七號站」，房子四周都是大樹，在一個漂亮的老社區裡。父親忍受一個半小時的通勤，是因為母親非常喜歡海灘——他知道搬家對她來說很難受，想要表現對太太的體貼。

---

2 譯注：伊芙・恩斯勒（Eve Ensler，1953-），作家、女性主義者，創作著名戲劇《陰道獨白》（*The Vagina Monologues*）。

我喜歡密西根城蜿蜒的街道和海灘的美。我尤其喜歡那裡的天主教堂，在教堂裡，抬頭仰望，心生敬畏，不過我們家沒有人特別篤信宗教，其中又屬我最不虔誠。我向來受到神聖空間的吸引——我想每個人都是如此。

我需要一份暑期工作，因此我們搬到密西根城的第一個夏天，我到「鄉村親戚」汽車餐廳（Country Cousin）當服務生——我人生的第一份工作，也是我第一份餐廳工作。我認為這會是很容易應徵成功的工作，而且覺得也許可以不用花錢就在那裡吃點好吃的，因為我還是沒有很愛母親煮的飯。身為「鄉村親戚」汽車餐廳的服務生，我踩著溜冰鞋服務來車，端上炸雞、蜂蜜和比斯吉，以及裝在玻璃瓶裡的可口可樂——穿格子上衣，戴草帽，就像個鄉村女孩。帽子可能還有附兩條小辮子。人們**很喜歡**那裡的食物——我也是。

另一個夏天，我在密西根城的「溫斯基與溫斯基」（Winski & Winski Enterprises）工作，那是一間位於海灘猶太區的熱狗攤——密西根城的一切都按照種族隔離。這個熱狗攤由兩兄弟經營，我之所以得到這份工作，可能是因為我在「鄉村親戚」有豐富經驗。我覺得他們兄弟倆很可愛。我在那裡工作的時間不長，我可能甚至做到一半就辭職離開了——但溫斯基兄弟檔顯然還記得我，因為他們不久前寫信給我，還寄來了一張他們熱狗攤的照片。

落腳密西根城不久後，我加入了學校的啦啦隊。我是外向的人——我試著找到融入新學校的方法，我想也許這會是結交朋友的途徑。而且我擅長側手翻。我當啦啦隊員的時間應該並不長

——也許我甚至只是去當後補隊員，又或者我退出了。但我清楚記得我們的隊呼：「好，更好，最好！永遠不停歇！直到好變成更好，更好變成最好！」我想，至今這仍是我的座右銘。

在學校裡，我和達娜．麥克德莫特（Dana McDermott）變成朋友，她是個非常美麗、豐滿、性感的女孩，有一頭濃密的黑捲髮。她的母親是義大利人，父親是愛爾蘭人。她的父親脾氣暴躁，總是規定達娜必須在某個時間點回到家——可能是為了防止那些多情的高中男生靠近，而她非常怕他。但撇開嚴厲的父親不談，我喜歡去達娜家玩，尤其是她母親做的麵包剛出爐時。那既不是黑麵包，也算不上白麵包，而是有點像鄉村義大利麵包。我們趁麵包剛出爐還熱熱的時候吃，這樣奶油才會融化。我總是問達娜：「你媽媽今天會烤麵包嗎？」

比美味、真材實料、新鮮出爐的麵包更完美的東西不多。人人都喜歡麵包：香氣、味道、外觀。帕尼斯之家成立之初，我們採買酸種麵包——當時，大家都吃舊金山的酸種麵包，那是一種非常義大利風格的麵包。但我對那麵包並不滿意。我想要法國的麵包，畢竟我們是一家法國餐廳，而且我想要顧客品嘗時，麵包是新鮮的。

史蒂夫．蘇利文（Steve Sullivan）在十六歲時就到帕尼斯之家工作。他剛開始是服務生——當時的他還是高中生，先是來餐廳工作了一個夏天，然後在就讀加州大學柏克萊分校期間繼續在餐廳工作。史蒂夫注意到我們對麵包的需求——我總是抱怨義式酸種麵包，想要真正道地的麵包。

於是他開始在宿舍裡做麵包，然後再把麵包拿來餐廳給我們試吃。經過了很多次的「不，這不行」，或「不，不是這樣的」之後，然後有一天，他帶了一條麵包進來，而那麵包就像在說：「中了，中了！」那麵包棒極了，因為我們已經花了**非常**長的一段時間、一遍又一遍地微調和試吃麵包，但他尊重我們所有人的意見，而且用正確的態度接受每一次的校準。然後他準確地抓到要點，成果很美味。史蒂夫後來在餐廳裡烘焙他的麵包，樓上樓下跑，用噴霧器為麵包加濕。最後，他創立了自己的「極致麵包」（Acme Bread Company），因為他對烤箱的控制令我們抓狂。從那時起，我們就欣然向他採購餐廳要用的麵包至今。

．．．

在密西根城的那些年，我很少見到蘿拉和蘇珊——母親仍然為全家人做飯，但我已經很少在家了。晚上七點坐在餐桌前的慣例消失了，因為父親很晚才到家，總在我們大家都吃完後才吃晚飯，而高中生的我處於一個完全不同的世界。密西根城高中（Michigan City High）規模龐大。它是能力分班高中，因此學生是按照平均成績來分班的。我們學校的學生百分之八十是黑人，百分之二十是白人，但我從來沒在我的任何班上看到黑人學生。這是一所把《憤怒的葡萄》（*The Grapes of Wrath*）列為禁書的學校——就是這樣的一個地方。學校只重視運動和籃球隊。我沒花多少時間做作業，不過放學後我留下來和我可憐的數學老師上代數輔導課。他幫我完成了那門課，最後給了我一個B。但不是因為我真的學會了代數。我想他只是為我感到難過。

．．．

我在高中時期喝很多烈酒——我當時從沒喝過葡萄酒或含酒精飲料，結果一接觸酒精就喝起最烈的酒。酒讓我不醒人事——它讓我在性方面變得不拘謹，與人相處時感到自在，所有烈酒對人的影響都發生在我身上。在印第安納州，我們喝西格拉姆牌威士忌（Seagram）摻七喜汽水——男孩們總是隨身攜帶。我今天還活著真是走運；我會在半夜從母親的錢包裡拿走鑰匙，然後從後窗爬出去。接著，我和朋友們把我父母的車推出車道，我們開車在雪地裡喝西格拉姆威士忌。我不敢相信我們以前竟然這樣做。我不敢相信我父母竟然不知道。另外，還有「親熱派對」。我邀請十到十五個男孩和女孩到家裡，男孩比女孩多，然後我們擠進地下室，坐在沙發上親吻。我們邊喝酒邊放音樂，隨著五〇年代末的所有搖滾樂起舞：巴迪．霍利（Buddy Holly）、艾佛利兄弟（Everly Brothers）……這些歌曲我倒背如流。我特別熟悉慢歌，因為我喜歡聽著慢歌和男孩們共舞。浪漫音樂是我的最愛——情歌那類的歌。我仍然記得強尼．馬賽斯（Johnny Mathis）唱過的每首歌的所有歌詞。我的另一首愛歌是派特斯合唱團（the Platters）版本的〈退潮〉（Ebb

Tide），唱著關於潮水湧進湧出的夢幻歌詞。妹妹蘿拉最近告訴我，當我在家裡辦派對時，母親會帶著蘿拉和蘇珊躲在浴室裡，因為派對變得太狂野，她們嚇到不敢出來！

吸引男生的注意是我高中生活很重要的事。我會在鎮上一家名為「淑女店」（Lady's Shop）的商店櫥窗前流連忘返，看著裡面的人體模型，苗條又迷人，想像自己打扮成同一個模樣。人體模型穿著喀什米爾緊身毛衣，以及和所有粉色系匹配的合身羊毛長裙，像是柔和的粉紅色、粉黃色和粉藍色；還有卡佩齊奧牌（Capezio）芭蕾平底鞋，上面縫著皮革圓點，小小的粉紅色和淡藍色的圓點。我必須特地存錢買這些衣服，因為這家店的價格不便宜。但我想要男人對我有興趣，而且我知道我的穿著方式是重點之一。這些衣服感覺非常精緻、非常溫柔又女性化，而且有優美的線條。

小時候，我從不認為自己漂亮，不過我很愛朵麗絲姑姑做給我的衣服，而且穿上時會覺得自己很漂亮。年紀小一點的時候，我打扮得比較男孩子氣，直到青少女時期才變得愛美，開始對自己的外表很有意識。性和美貌被混在一起，如果人們覺得你很有魅力，你就會開始想，**嗯，我一定是很有魅力吧**。每當我看到自己那個時期的照片，例如穿著無肩帶格子泳衣在海灘上的照片——說來好笑，我總是擔心自己是否看起來漂亮，但也許我也把漂亮視為理所當然。長大後，我意識到我有某種性吸引力，但那可能是來自我想要變得性感——也許我**太想**變得性感，以至於男孩子們無法抗拒。

穿著無肩帶格子泳衣的我。

我在密西根城的第一個男朋友是湯米・沃辛斯基（Tommy Wojcinski）。我喜歡他，因為他有一輛龐蒂亞克（Pontiac）敞篷車。然後，我還和約翰・吉爾（John Gill）、勒羅伊・沃爾弗特（Leroy Wolfert）、比爾・芬恩（Bill Finn）交往過。勒羅伊・沃爾弗特算是有在道上混的，而比爾・芬恩是家住在山坡社區的富家子弟。我不記得當時的我有門禁——我可能應該在某個時間回到家，但從來沒有準時回家過。夏天，我去密西根湖滑水，遇到所有家裡有船的人。有錢人家都在湖邊避暑。戴利市長的兒子約翰・戴利（John Daley）帶我去滑水。他們家在湖邊有一棟避暑別墅，離我們家不遠。滑完水之後，我們會請他父母的豪華附司機禮車載我們去芝加哥，然後到洛希街（Rush Street）一家昂貴的餐廳吃飯。我們去「幫浦房」餐廳（Pump Room）——那是火焰烤肉串當道的時代。幫浦房餐廳很豪華，近乎過分花哨：打開禮車車門的是穿著制服的門僮，深色木頭，又大又圓的紅色皮革雅座。我們在那裡有某種特權，因為約翰是市長的兒子。

我意識到約翰和比爾是有錢人，我則不然。這些人只在夏天出現，秋天就都去軍事學院了。在密西根城，不同種族、宗教、社區之間有明顯的隔離，但我完全不覺得受到限制。我沒有宗教信仰，我們家並不富裕，但我們也稱不上貧窮，所以我透過不同的團體穿梭在各個世界之間感到很自在。

在這些幫浦房餐廳行，或在雪地裡開車喝西格拉姆威士忌七喜調酒的時候，車裡經常只有我一個女孩和兩三個男孩。我喜歡和很多男生一起玩，我確實如此。母親對此一無所知——我總是會編故事，她也不會盤問細節。父親每天通勤往返芝加哥，單趟就要一個半小時，所以也沒有時間問犀利的問題。我的父母總是採取放任式管理。他們不是不在乎——他們很在乎，但他們出於愛而故意裝作一無所知。我父母沒有拼湊出真相，純粹是因為他們不想知道。我認為這有點像是，**不知道就不會受傷害**。

．．．

某年夏天，我認識了比爾．芬恩的一個朋友——比爾是我的朋友，但男朋友和朋友有時也不是那麼容易區分。比爾的這位朋友，修長、金髮、英俊，說話有南方口音——他來自路易斯安那州的希瑞夫港（Shreveport）——而且非常有教養，會幫人開門，會說「是的，女士」，一舉一動都很有禮貌。我徹底為他傾倒。我和他談了一小段夏日戀情，秋天時，他離開，回到卡爾沃軍事學院（Culver Military Academy），開始寫甜言蜜語的信給我——他寫得一手好字。這個男孩邀請我去兩個小時車程外的卡爾沃，參加他們盛大的正式軍校舞會；他是四年級生，即將畢業，而我年紀比較輕，可能還在念高中二年級。每個人都知道我要去參加舞會，我花了好幾個星期計劃和挑選衣服：一件從腰部開始向外展開的別緻黃色蕾絲連身 A 字裙。

我搭車去他的學校，在校園的湖邊和他見面。我穿著蕾絲連身裙，他帶了三朵白色梔子花，戴在我的手腕上。我陶醉不已——他穿著白色制服，我戴著梔子花手環，這一切的美麗和浪漫令我心花怒放。和他一起跳慢舞，那整個晚上簡直如夢似幻。我沒有找女生朋友陪我去，我獨自赴約。

說來也奇怪，我沒有理解這個男孩的意圖，雖然我應該要猜到的。儘管我有點狂野、會參加親熱派對，也會和人在汽車後座摸索彼此的身體，可是我不曾和誰回本壘。舞會之後，他想要的，正是各位認為他想要的。他肯定有喝酒，我猜想我們兩個都喝了酒。他非常粗暴地對待我。最終，他想要的沒有發生，可是我震驚不已、哭了出來——他竟然想對我霸王硬上弓。情書和跳舞是如此浪漫的前戲，然後現在，我們在某個隱密的房間裡，而我卻覺得**我壓根兒沒料到會這樣**。從來沒有人像這樣推過我，我不敢相信一個如此迷人、客氣、風度翩翩的人會試圖這樣做。

我不知道我是怎麼回家的——我隱約記得後來在某人的車裡睡著了。不過，我覺得毛骨悚然。我以為他很有禮貌，是個南方男孩。我藉由喝酒來讓自己放鬆，適應一切——我確實喜歡調情。但玩弄性的力量，你永遠不知道會發生什麼事。一切從梔子花與湖邊的美麗時光變成——我的天哪。我再也沒有見過他，也沒有告訴我的姊妹或任何人這件事。

一九七〇年代中期，我住在柏克萊的時候，有人在夜裡闖入我的公寓，而且試圖強暴我。我住在朋友家後面的小車庫空間裡，我的床在二樓的閣樓。那天晚上回到家時，我確信我像往常一樣鎖了門。我上床睡覺，半夜因為黑暗中有人用手摀住我的嘴而醒來。那人示意我轉過身，好讓我無法看到他的臉，然後他要我下樓去拿錢。他一鬆開我的嘴，我就開始放聲尖叫。但他就站在我身後，用力掐住我的喉嚨導致我昏了過去。

等到我恢復意識後，他人還在。我說我沒有錢，但他需要什麼我都會給他。我有一家餐廳，我們可以去那裡，距離不遠——我拚命地盡快說話，他又摀住我的嘴。他把他的刀掉在房子裡某處，必須去找回來，於是我們在黑暗中四處走動，我的嘴被他摀住。他押著我上樓到床所在的閣樓。

他找到了他的刀，把我推到床上。然而，在他動作之前，我頭朝前縱身躍出窗外。他抓住我的腿幾秒鐘，然後放開了我。幸好，窗戶離草坪只有二點四公尺高。我從脫身的那一刻起就沒停止尖叫。有人報了警，但警察抵達時，他已經消失了。

警察讓我翻閱一本厚厚的、記載可能嫌疑犯的簿子，雖然我根本不可能在黑暗中看出他的樣子，我還是把書翻了一遍。最可怕的是，在這本集結數百頁被定罪強暴犯的簿子裡，每個人只會坐牢大概三個月，然後就重獲自由了。社區裡有一名強暴犯最近剛被放出來，所以警方認為是他幹的；他一定是在我回家之前就進入我的房子，而在我準備睡覺的那段時間，他一直都在。事後，我搬了新家，並將所有的門都安裝上門鎖，窗戶也上鎖。有好長一段時間，我對於自己一個人睡覺感到不安。

說來也怪，這並沒有影響我對男人的熱情。我對自己在那種情況下的孱弱有了新的認識，而且我害怕有人會闖進我家門。但我的恐懼完全沒有擴及到所有男人。我恐懼的是力量和暴力，而不是所有男人。

你永遠不確定自己在那樣的情境裡會做出什麼反應：你會恐懼到定格、安靜不作聲或身體癱軟。我一直以為我寧願完全屈服也不要被殺；我寧願被強暴也不要死。但這件事發生後，我意識到實際情況恰恰相反——我寧願死也不要被強暴。強暴是終極的侮辱，我準備竭盡所能地阻止他。畢竟，我可是直接從二樓的窗戶跳了出去。整個經歷令我大感震驚，但我也不敢相信自己竟然有那種反抗的決心，而且願意冒生命危險去阻止性侵害發生。我從來不曾這樣想。最後，我感到充滿力量，因為我能夠為自己找到生路。

05

從海灘到柏克萊

1964 年，我所在的校園發起言論自由運動。

（Chris Kjobech, The Oakland Tribune Collection, the Oakland Museum of California）

From the Beach to Berkeley

父親在芝加哥擔任人事部門的心理學家，表現可圈可點——保德信保險公司覺得他能創造奇蹟。一九六一年，在我升高中四年級之前的夏天，父親在公司內升遷到高階職位，這一回要轉調去洛杉磯。家裡每個人都很沮喪，這將是一次翻天覆地的搬遷。唯一能從中得到一點補償的人是母親，因為伊娜姨婆幾年前搬去聖地牙哥，我們將再次住在她家附近。但我非常不情願搬家。

不過，在我們預定要搬走的前幾週，我莫名地確信自己懷孕了。當你在汽車後座爛醉如泥，真的不太確定酒醉後發生了什麼事。我嚇壞了。我試了所有民俗偏方，喝綠茶，能做的都做了。就在動身前往加州的幾天前，我發現自己其實沒有懷孕——於是，我歡天喜地、如釋重負地登上飛機，把一切拋諸腦後。我那時心想，**謝天謝地**。我覺得能夠全身而退很幸運。

那年夏天，艾倫和我們在一起，她從大學回家，所以我們在去加州的途中來了一趟家庭公路旅行。我們從密西根城飛往丹佛，然後四個女孩全部擠進一輛車，穿著我們老是愛穿的、底下有襯裙的大圓裙，勉強塞進後座。我們遊覽科羅拉多州的眾神之園（Garden of the Gods）、黃石公園和鹽湖城附近的鹽灘，母親的弟弟，即我們的叔叔弗雷德，在鹽湖城外的達格威試驗場（Dugway Proving Ground）為軍隊工作。我們終於進入洛杉磯，然後一路馬不停蹄地開到我們的新家，而我當時心想，**這是什麼可怕的地方**？一九六一年，洛杉磯的一切都令我興趣缺缺——到處都是棕櫚樹、汽車和高速公路。比佛利山莊的房子有聚光燈，彷彿那裡是電影場景一樣——當時甚至不是耶誕節。我覺得整個城市華麗又俗氣。我的父母找到一個在席爾曼橡樹區（Sherman Oaks）山頂上的屋子，可以俯瞰洛杉磯。那是一棟現代的區塊住宅（tract homes）[1]，不太有園圃的空間——但我父親試圖在那裡開闢出一座小菜園。洛杉磯令我不舒服，巴不得離開。

我在凡奈斯高中（Van Nuys High School）度過的四年級很奇怪。他們認為我一定天資聰穎，因為我在密西根市立高中幾乎每科都拿A，而且成為了美國國家高中榮譽生會（National Honors Society）的會員。所以我被分配到資優班，和其他非常有學術競爭力的四年級生當同學，我認為，我在他們資優課程的最後一年突然出現，肯定使他們對我的學術能力感到好奇。在英文課上，老師要求我們以自己精通的事情為題寫一篇短文。想當然爾，我寫了一篇關於滑水的文章。老師請我在全班同學面前朗讀我的文章，當我朗讀起來時，我突然變得非常忸怩，痛苦地意識到自己根本什麼都不懂，意識到我寫出了非常愚蠢的文章。朗讀時，我緊張得不得了，念得支支吾吾。朗讀結束後，我坐下來。坐我後面的男孩，身材高大、一頭黑髮，他口齒伶俐，談吐有致，是學生會主席，他說：「你剛剛是用**哪個語言**念的？」

我不認為老師要求我站起來朗讀是為了折磨我——也許他感興趣的是我文章裡的細節，甚或是其中的天真！我永遠不會知道。但那個男孩的評論讓我感到非常丟臉。我趴在座位大哭，彷彿這是世上最糟糕的事。我覺得我真的不夠聰明。那個感覺震撼到我一直無法忘懷。（我也下定決

1 譯注：位於同個社區且設計相似的房屋群，和個別設計建造的房屋有所區隔。

心要讓那個男孩愛上我。）至今，我在聰明且受過良好教育的人身邊仍會感到膽怯，與此同時也非常尊敬他們。我花了很長、很長的時間，才覺得可以用自己的方式說話。

和密西根市立高中一樣，凡奈斯高中也很大。但密西根市立高中的教室有幾層樓高，凡奈斯的教室則是一個朝四面八方蔓延、毫無魅力的建築——就像它周圍的城市一樣。我覺得洛杉磯沒有盡頭。我在那裡只住了一年，因此我根本沒有時間認識那裡的文化。但我在凡奈斯高中結交了一些有趣的朋友，他們全都很聰明：路易斯．布蘭特（Louise Brandt）、約翰．博羅斯（John Boros）、保羅．高德曼（Paul Goldman）和艾蓮諾．貝爾蒂諾（Eleanor Bertino）。有鑒於我在資優班感到的不安全感，這還真是幽默。

艾蓮諾後來變成我一生的朋友。她優雅高挑，有義大利血統，皮膚很漂亮。有時我會去她位在谷地的家玩。她的父親是華特．迪士尼的漫畫家，她的母親來自托斯卡納（Tuscany），會做北義菜餚，是非常出色的廚師，而且晚餐時總是會喝一點紅酒，這在當時幾乎是聞所未聞的事。（多年後，帕尼斯之家已經開業相當長一段時間，艾蓮諾帶她的母親來到餐廳，我們為她們上了一道紫菊苣沙拉。她母親的反應是：「噢，我父親以前會種的可怕東西。想不到我還得再吃一次。」）艾蓮諾的母親有一種托斯卡納的時尚品味，而且在布洛克百貨公司（Bullock's）的信貸部門工作，也因此艾蓮諾很懂得購物——她總是穿著體面。不過，我最感激的一點是艾蓮諾似乎照顧著我，不知何故——她沉著、自信，就像我的大姊姊一樣。

因為我是被扔進這群聰明人之中的轉學生，我在凡奈斯高中沒有認真和誰約會過。我最終確實讓學生會主席——就是在我朗讀滑水文章後發表刻薄言論的男生，帶我出去約會了一兩次，但我沒能讓他吻我。我實在無法理解這個男孩怎麼會在乎性以外的其他事。我的意思是，他喜歡讀書！我自願參加他寄書到肯亞的計畫，我決意要搜集比其他人更多的書，讓他留下深刻的印象。不過，對於我在凡奈斯高中遇到的人而言，約會不是重點，他們就是對我沒那方面的興趣。我**不敢相信**我引誘不了這個男孩。提醒各位，我努力過了——我當時竭盡所能地誘惑他們所有人。誘惑是我慣用的手法——而且，在密西根城相當成功。這裡的孩子也不像密西根城的孩子那麼愛喝酒。兩邊就是不一樣。

考慮就讀哪一所大學時，我想去佛蒙特州的米德爾伯里學院（Middlebury College）。我們在艾倫找大學時參觀過那裡，我認為米德爾伯里是最美麗的學校——新英格蘭式的尖塔、綠油油的草坪、大樹，而且我喜歡這裡有很多語言專業，這使它散發國際化的氣質。（也不管我從來沒有學過外語，除了小學四年級時學過一點拉丁文。）但我的父母說，我不能申請米德爾伯里學院——我只能從加州大學體系裡挑選，因為加州居民一個學期的學費是九十八美元。我們開車去參觀所有校園：柏克萊、聖塔芭芭拉、河濱和洛杉磯分校。艾蓮諾要去聖塔芭芭拉，所以我也決定去那裡。我們有一小群人都要去那裡，事情就這樣定了。

・・・

加州大學聖塔芭芭拉分校是一個新校區，校園裡都是一些低矮的建築，沒什麼引人注目或美麗之處。感覺不太像一所大學。校園坐落在俯瞰海洋的懸崖上，我可以從教室的窗戶往外看，看到下方海邊的沙子和波浪。這代表學校的節奏帶有某種悠閒感。我會看到有人拿著衝浪板從我們身邊經過，前往海灘。天氣幾乎總是溫暖，彷彿在引誘學生們翹課。於是我們會帶一點葡萄酒，散步到海灘，和男孩親熱。（有些女孩會下水，但我從來不下水——我覺得海水太冷了。）

一進入大學就讀，我就發現這裡和凡奈斯高中是完全不一樣的圈子——參加派對，做所有聖塔芭芭拉學生都會做的事。我絕對喝得太凶。我會在某個地方醒來，卻不記得自己是怎麼抵達這裡的。加州大學聖塔芭芭拉分校享有「派對學校」的名聲，我想我在來之前就稍有耳聞了。我有一種感覺，在加州大學聖塔芭芭拉分校，大家**無處可去**——即使是開車去聖塔芭芭拉的市區也要半小時，而除了在海灘親熱，似乎沒什麼事情可做。

第一學期我們住宿舍。我們必須完成一份問卷，辨別我們想要什麼樣的室友。我不知道我寫了什麼，但我分配到奇怪、陰鬱、非常聰明的室友，一個非常嚴肅、專注的女孩，全身黑色打扮——和我完全相反。我真希望我能說她對我產生了發人深省的影響，但我們像是說著兩種不同語言的人。我猜想她不太喜歡大家的海灘胡鬧。

阿法斐姊妹會舉辦「懺悔星期二」（Mardi Gras）狂歡節的化妝舞會。照片約攝於一九六三年。前排左邊是艾蓮諾。

Which girl is wearing the new, extra-snug, playtex girdle?

在最初幾個月的某個時候，艾蓮諾說服我去參觀阿法斐姊妹會（Alpha Phi）。艾蓮諾也許比我合乎體統一些，我猜她認為姊妹會對我倆會是好的影響，也許能幫助我端正行為。我不記得我們如何獲得加入阿法斐姊妹會的資格，反正我們就是做到了。不過，我不能說它端正了我。

我在聖塔芭芭拉修過一門比較宗教的課。我喜歡這門課的老師，也喜歡讀有關佛教的書。我一邊學習佛教又一邊參加派對。我清楚記得去上那門課，但那也是我唯一有印象的課。

放暑假回家時，我在布洛克百貨公司裡的「茶室餐廳」（Tea Room）打工，就在席爾曼橡樹區，距離我們家約十分鐘路程。這是一家高檔、精緻的餐廳，他們在午餐時間舉辦時裝秀。這份工作是艾蓮諾幫我爭取的；她母親在布洛克百貨工作，而艾蓮諾前一年夏天已經在茶室餐廳的廚房工作過。現在我們兩個一起做——我們都是服務生，但偶爾會進廚房幫忙，因為餐廳的規模不大。

我穿全套的白衣服——那是我在廚房裡的制服。我認為在廚房裡工作比在用餐區有趣得多。所有食物都是餐廳自製，員工之中甚至還有一個麵包師傅，而且食物非常好吃。廚師們每天都會烤整隻火雞，製作火雞三明治和「雞肉」沙拉三明治。菜單上還有螃蟹三明治，而我們要幫忙備料、把螃蟹肉挑出來。麵包師傅烘培的切達起司麵包很讚，我們用烤過的起司麵包做一款培根酪梨三明治——那個三明治的味道，我記憶猶新。

茶室餐廳由萬德拉夫人（Mrs. Wandra）經營，她是個身材矮胖、頭髮花白的女人，氣勢十足且令人敬畏，但待人不刻薄。她非常挑剔，管理嚴格。她的丈夫長期臥病在床，因此她一肩扛起養家活口的重擔，不辭勞苦地工作——她真的很懂得經營之道。我向她學了一些有關打烊後整理餐廳的教訓，譬如把所有食材放進小杯子裡，並保持一切整潔有序。

我和艾蓮諾白天在萬德拉夫人的餐廳工作，偶爾會去好萊塢露天劇場（Hollywood Bowl），坐在我的富姑丈哈利的包廂裡聽古典樂——哈利姑丈一定不喜歡我們這麼做。我喜歡古典樂。我們聽很多首屈一指的交響樂團和指揮家——例如洛杉磯愛樂樂團的指揮祖賓・梅塔（Zubin Mehta）。我們會準備一些烤雞、沙拉和一瓶葡萄酒，並且帶上對音樂感興趣、凡奈斯高中的男性朋友。

大二過一半的時候，我被阿法斐姊妹會開除，因為喝酒——也就是「傷風敗俗」，這是她們的用語。我會喝得酩酊大醉，忘了時間或不醒人事，然後太晚回家；阿法斐實施嚴格的門禁。有時，她們會發現我在違禁時間做吐司或培根生菜番茄三明治，在我不應該出現在那裡的時候——我肯定沒有使出萬德拉夫人一板一眼的真傳。

要不是艾蓮諾希望我加入，我大概不會加入這個姊妹會。姊妹會的整個制度都很荒謬。艾蓮諾曾經被傳喚到由女會長和女校友組成的嚴厲法庭上，因為有一個「黑人」（dark man）開車來接她。她們想審問她，關於這個和她一同出入的邪惡人士的身分。最後，原來他是一個沙烏地阿拉伯的王子，開著米色的捷豹ＸＫＥ跑車去接艾蓮諾。還有一次，我們在阿法斐的朋友貝琪・丹奇（Betsy Danch）想引介一個她喜歡的女孩露西・珍珠（Lucky Pearl）入會。露西的母親是拉斯維加斯的賭場荷官。結果聯誼會的三個姊妹因此「噹掉」了她——她們只是用敲鑼來表示拒絕接受她，沒有給出任何說明。這當中的種族主義和階級主義令我們作嘔

我被趕出去後，艾蓮諾也不想當姊妹會的成員了。反正她和貝琪還有我們的朋友莎拉．法蘭德斯（Sara Flanders）在聖塔芭芭拉都無聊得要命，於是艾蓮諾說：「我們離開這裡吧。」她說服我們在學年中轉校到柏克萊。柏克萊是比聖塔芭芭拉更大的校區，而且和聖塔芭芭拉有很大的不同，學生人口結構非常多樣化。那一年，也就是一九六三年，是「向華盛頓進軍」（the March on Washington）[2]的那一年——遊行發生在八月底，正好是學期開始的時候——同年的秋天，甘迺迪遇刺身亡。十一月的某天，當擴音器傳來總統被殺害的消息，我人在課堂上，從半開的窗簾望向教室窗外。我淚流滿面。每個人都哭了。我至今還無法接受這件事。可怕的事情正在世界上發生，而聖塔芭芭拉的校園文化似乎對政治動盪視而不見。在柏克萊則看得到關於學生抗議的不滿情緒，和群眾為民權挺身而出。我們知道有大事正在發生。幸好艾蓮諾把我帶去了。

．．．

大約同一時間，我父親被保德信解雇——他為公司效力近三十年，再一年就能拿到退休金。他做了一些激進的事情：他鼓勵公司員工為自己發聲，並試圖幫助他們組織工會，因此被解雇了。

實在很殘酷。當時我為別的事分心，因為我離家在外念書，但我記得他垂頭喪氣。他隱藏情緒，但備受打擊。他不想在家裡露臉。母親也備受打擊，但非常同情父親。幾年後，當密西根大學給他一份不錯的全職工作，她心甘情願地跟著搬家，儘管這代表她又要跨州舉家搬遷——因為她知道我父親非常需要讓自己重新振作起來。

．．．

一九六四年一月的柏克萊宛若震撼教育。即將成為我室友的艾蓮諾、莎拉和貝琪，在面對轉學和適應新環境方面比我更有勇氣。我記得去電報大道（Telegraph Avenue）一棟樓的樓上參加派對，樓下是一間書店——應該是老莫書店（Moe's Books）。我看到房裡的人們躺在沙發上，全身蓋著被子，抽著天知道什麼東西，吸著天知道什麼毒品。我身體微微顫抖。我從來沒有吸毒過。我不明白房間裡的人在做什麼——我覺得眼前的景象很陌生，而且老實說，很可怕。就好像在說，**我當初做的是正確的決定嗎**？

2譯注：即馬丁・路德・金恩（Martin Luther King, Jr.，1929-1968）博士發表〈我有一個夢想〉（I Have a Dream）的人權集會。

剛轉學到柏克萊時，我非常不知所措，想要搞清楚該怎麼排課。我找最有魅力的老師和教授。我找到一個老師教貝多芬交響樂專題，也修了一門講白遼士（Hector Louis Berlioz）的課。我選修一門文藝復興藝術，還有一門天文學。只要老師有魅力，教什麼主題都不重要。我的課選得七零八落，根本沒辦法確定主修。

莎拉、艾蓮諾、貝琪和我在帕克街（Parker Street）找到了適合的公寓，還找來另一個聖塔芭芭拉轉學生瑪麗蓮・朗吉諾蒂（Marilyn Longinotti）同住。這是一間現代化的公寓，距離後來的人民公園（People's Park）只有幾個街區。我覺得柏克萊的校園很漂亮：草莓溪畔有大片紅杉樹林，薩瑟門（Sather Gate）的學院派藝術綠拱門，還有古老的建築。每天下課後，我從薩瑟門離開，穿過史普羅廣場（Sproul Plaza），沿電報大道走回我們的公寓。（兩年後，「最強熱狗」〔Top Dog〕開張，我步行回家途中會到那裡吃點東西。他們提供薩格牌〔Saag's〕的美味巴雷特香腸、熱麵包、烤洋蔥和美味酸菜。我喜歡他們的辣肉醬起司熱狗，而且我喜歡這間熱狗小店散發的革命氣氛。）電報大道兩旁咖啡店林立，無論我何時經過那些店面，裡面都擠滿了熱烈交談的人們。想法對這些人很重要：每個人好像都用強調的語氣說話，專注於深刻的政治辯論。柏克萊的學生是散發「披頭族」（beatnik）[3]都會文青氣息的一群人，泡在咖啡館裡，背著厚重書袋，非常嚴肅而認真。他們看起來就像五〇年代變得不修邊幅——男學生仍然穿夾克，女學生穿裙子，但不知為何感覺就是**不一樣**。而且柏克萊的學生在學術方面更加嚴謹。不像聖塔芭芭拉那樣悠閒——畢竟，我們離開了海灘前進柏克萊！

在聖塔芭芭拉，我感覺自己有點激進，但在柏克萊，我意識到自己根本不算什麼。許多政治事件正在發生，比我以為的還要多上許多。柏克萊有激盪人心的能力，我被捲進一個活動浪潮裡——儘管我不知道結果會怎麼樣。加州大學柏克萊分校嚇到我了。我擔心我達不到學校對學生的學術期望，擔心我讀的書不夠多，擔心我在凡奈斯高中被學生會主席羞辱的經歷會重演——而且丟臉程度隨著學生人口等比成長。我甚至為了某幾門課請家教，我擔心極了。我覺得我連事實都搞不清楚，而這些人已經**投身**現實。

史普羅廣場是我們每天獲取新聞的地方。走進校園的那一刻，你會看到一張張隸屬不同政治組織的桌子在史普羅廣場入口處擺攤。下課後，你穿過廣場，立刻融入正在發生的事情，從學生手上接過傳單，聽著號召出席隔天中午要舉辦的任何政治集會的演講。艾蓮諾、莎拉和我很喜歡那裡的每個攤位——那和聖塔芭芭拉完全相反。儘管我們剛轉學過來時沒有參與政治的經驗，我們很高興看到校園裡的一些騷動，而且學生對學校以外的世界感興趣。

言論自由運動（Free Speech Movement）在一九六四年的秋天如火如荼地展開。群眾表達對戰

---

3 譯注：大眾媒體對五〇年代「跨掉的一代」（Beat Generation）追隨者的貶義用語。

爭、民權、政治和社會文化普遍的憤怒和沮喪——但管理整個加州大學體系的董事會明確表示，將不會容忍任何人挑戰現狀。當時，加州大學體系的所有教職員都必須簽署一份帶有約束性的「效忠誓詞」才能執教，而且如果他們的言論偏離誓詞或者拒絕簽署，就會被解雇。一九六四年初秋，大學教務長下令禁止所有在史普羅廣場周邊的政治性擺攤（也就是我們掌握世界消息的地方）。校園內的政治活動和募款活動也都被禁止。如果學生在校園裡站出來表達對越戰的看法，他們就會被大學警察拖走。

十月初的某天，警察開車停在史普羅廣場，逮捕一個名叫傑克・溫伯格（Jack Weinberg）的學生，那天我人也在校園。傑克・溫伯格是種族平等大會（Congress of Racial Equality，簡稱 CORE）擺攤位的負責人，而 CORE 組織了穿越整個南方州的自由乘車運動（Freedom Rides），並招募學生參加民權示威活動。警方把傑克・溫伯格拖進車裡，隨後數千名學生自發性地包圍車子，不讓車子離開。馬利歐・薩維歐（Mario Savio）是柏克萊分校的大四生，他剛參加完密西西比州的 CORE 自由之夏計畫，在密西西比州幫忙登記黑人選民。我看著他爬上警車的車頂，用擴音器向所有人發表演講，訴求大學言論自由。學生們包圍了那輛警車長達二十四小時，可憐的傑克・溫伯格也被困在裡頭。我們使出渾身解數，直到對傑克・溫伯格的指控終於被撤銷。就是這個事件讓一切都動了起來。

十二月二日，有消息傳出，史普羅行政大樓（Sproul Hall）將有一場大規模靜坐活動，學生和老師都會參加。我們都知道，如果我們去參與，就會被警察帶走。我站在大樓外的人群裡，但我無法決定要不要進去史布勞爾大樓。我不知道我能不能承受被拖出來和被逮補的後果。朋友們談論著這件事，我也看到人們被拖走。警方傳達的訊息非常清楚：不立即離開的人都會被逮捕。我內心天人交戰，**我該留下？還是離開？**那一次，我離開了。我為自己的害怕而感到內疚，但我是害怕的。

馬利歐・薩維歐在史普羅行政大樓前階梯上的演說，一九六四年十二月二日

機器的運作有一天會變得令人極度作嘔，讓你們心裡不舒服，不舒服到無法成為共犯！你們甚至無法被動地參與！你們必須把你們的身體放在齒輪上、放在槓桿上、放在所有的裝置上——然後你們一定要讓它停下來！而且你們必須向運作機器的人、擁有機器的人表明——表明說，除非你們獲得自由，否則機器將被徹底阻止運作！

這並不意味著——不幸的是，我知道它會被諸如主掌《舊金山觀察家報》之類的偏執狂，解讀為有那樣的意思，但這不意味著你們必須破壞任何東西。一千個人坐在某個地方，不讓任何人經過，不讓任何事情發生，可以停止任何機器，包括這台機器！它一定會停止！

大家都被指示不要對警察還手，所以學生們不做抵抗地被帶出史普羅大樓，和馬丁·路德·金恩的非暴力抵抗很相似。我覺得言論自由運動不可思議地文明有禮。事實上，運動在馬利歐·薩維歐的領導下**確實**如此：他能言善道，總是一身的西裝外套加領帶，總是恭敬有禮地表達異議。他的演講精采生動，雄辯滔滔。訴說著，所有人可以一起生活在這個世界上。我聽了心想，**我們可以過不一樣的生活，我們可以和平地團結在一起**。我們可以改變世界。我至今仍這樣覺得——儘管現在看起來可能性不大。馬利歐·薩維歐的演講有一種理想主義，讓我得以懷抱希望。我們不單單認為我們可以停止戰爭——我們還認為，我們可以創造一種全新的社會。

言論自由運動開始後，史普羅廣場每週都有演講者談論革命。午餐時間或下課後，大家會湧進廣場聽某人用擴音器講話，直到警察出現。當時的我思想簡單、浪漫，我把革命和切·格瓦拉（Che Guevara）連結在一起，和巴黎與法國大革命連結在一起。我把切·格瓦拉視為自由的靈魂，為他的信仰而戰，然後我知道法國大革命的重點在於富人和窮人——過著奢華生活的貴族，以及巴黎街頭飢餓的群眾揭竿起義改變現狀。言論自由運動是獨樹一格的革命，不過是非暴力的革命，這要歸功於馬利歐·薩維歐。非暴力並沒有削弱訊息的革命性——對我而言，非暴力在某種程度上把訊息變得更強而有力。在大規模靜坐後不久，所有學生都開始罷課。我沒去上課，人們在建築物前糾察盯哨——我們試圖讓大學停止運作。我很佩服每個人都在盡一己之力——當掌權的年輕人使用正確的語言，就會引發群起響應。

· · ·

我母親對言論自由運動瞭若指掌——我寫信告訴她校園裡發生的事件，她完全支持言論自由運動。她當然擔心我的安全，但全然支持我，我幾乎一輩子都擁有母親的支持。（我沒有和父親談論太多關於這場運動的事，但他已經不如十年前那樣反對了。父親在整個五〇年代都維持保守派的立場，但我認為解雇動搖了他的世界觀，他徹底幻滅。接下來幾年，他先後在密西根大學和柏克萊工作，不可避免地成了自由派。）不是每個人的父母都支持他們：有一次，艾蓮諾和她母親通電話，跟她說我們正在為剛出獄的朋友做早餐，她母親驚恐地說：「你們窩藏囚犯？」

馬利歐．薩維歐是傑出的演說家。每個人都深受他的言論吸引，當我們聽他講話，我們感覺自己在校園裡銳不可當，也是全國各地民眾的榜樣。多年後，在馬利歐．薩維歐的追悼會上，我得知他主修物理和詩歌。對我而言，發現他是西西里人這件事很有啟發意義——他每天晚上都和家人一起圍著餐桌吃飯，配一瓶葡萄酒。我知道，一個積極正面的心態，認為只要我們都在自己的社區裡團結起來，就可以改變世界，我們**做得到**——這算是他的理想的一部分。他傳達的訊息包含民權及和平主義的價值觀，但更重要的訊息是關於文明社會，一種共同文化的美。

當主流文化表現得敗德，就像美國對待戰爭、公民權利和公共言論自由的方式，你漸漸感到被背叛。我聽馬利歐・薩維歐演說時，這種感覺開始變得具體。在我們的國家奔向工業化與消費主義的過程中，人們開始覺得美國已經失去了人性。隨著年齡增長，我感受到越來越強烈的保守派壓迫。一九五〇年代和六〇年代初期的美國文化既腐敗又拘謹，思想非常封閉。我可以肯定，這樣的文化和恐懼有關。但言論自由運動的參與者說著令我產生共鳴的語言。他們的訊息感覺是**正確的**。我認為，這一切之所以感覺正確，是因為我的父母賦予我特定的基本價值觀：道德端正、同理心、儉樸、愛大自然、愛孩子。（我真希望他們當初也傳遞對性的開放的訊息，不過這對五〇年代是太高的期望了。）這些都是反主流文化（counterculture）信奉的價值觀——因為，不幸的是，這些價值觀已經被全體文化遺忘了。

當我終於宣布主修時，我選的主修是法國文化史，從一七五〇年到一八五〇年。也就是，法國大革命——不意外吧。

06

真美味！

我心目中的完美牡蠣，貝隆牡蠣。

C'est si bon!

我和莎拉・法蘭德斯為了我們非正規、自行決定的大三留學生活飛往法國。我們搭乘冰島航空（Icelandic Airlines）從舊金山經紐約、冰島前往盧森堡，冰島航空是飛歐洲線最便宜的選擇。（冰島航空綽號「嬉皮航空」，因為它是第一家真正的折扣航空公司，所有年輕人都搭冰島航空去歐洲。）中途停留紐約時，我們的班機接起了路易・阿姆斯壯（Louis Armstrong）和他的整個樂隊——他們要去雷克雅維克表演。在那個年代，旅客可以在飛行期間四處走動，可以站起來，還可以抽菸，於是路易・阿姆斯壯在飛機上演奏——整個樂隊都在演奏！他們一夥人在冰島下機，再次起飛時，機上一片靜悄悄。

莎拉和我在盧森堡下機——航程的終點站。我們抵達的時候是半夜，接著立刻搭上開往巴黎的巴士，車程約五到六個小時。大概從進入法國邊境起就幾乎沒有任何光線——窗外黑得看不到任何東西。這感覺非常詭異，幾乎就像戰爭期間停電的時候。或許只是為了要節省開銷和不浪費電。這是我第一次離開美國。

抵達巴黎後，我們在城裡高檔區域的一家小飯店住了兩晚，飯店在芳登廣場（Place Vendôme）的後巷小街，對面是香奈兒精品店。我的表姊卡洛琳（Carolyn）跟我說過這家飯店；她以前來過巴黎，我的感覺告訴我，卡洛琳的父母，也就是我有錢的瑪麗安姑姑和哈利姑丈，打點了我們這幾天的飯店費用。客房裡掛著厚重的深藍色絲緞窗簾，你可以把窗簾拉上，如此一來就不會有任何噪音或光線穿透進來。莎拉和我來到這家飯店，上床睡覺，然後整整二十四個小時

La Liberté Yankee éclairant le "Monde Libre" !
POUR LE SOUTIEN A LA LUTTE DU PEUPLE VIETNAMIEN
TOUS AU MEETING
Dans la cour de la Sorbonne
JEUDI 1er AVRIL 1965 à midi
Cercle de Physique du SECTEUR SCIENCES de l'Union des Etudiants Communistes
3, Place Paul-Painlevé, PARIS-Ve
I. C. P.

我在索邦大學看到的越戰海報。

都沒有醒來——我們錯過了一整天。

當我們終於睡醒，我們下樓，在飯店的餐廳吃飯——主要是因為我們不敢外出，怕去到外面可能必須和人說法語。飯店的餐廳完全符合我們的想像：高挑的天花板、桌上有脆皮麵包，以及白色桌巾。哈利姑丈很可能會支付所有費用，但我擔心不知道會花多少錢，所以我們沒有點太多。他們提供套餐式的午餐，第一道上桌的是蔬菜湯（*soupe de légumes*）。我以前從未嘗過這樣的東西。湯裡有蔬菜丁漂浮在清澈的琥珀色高湯上，精緻、簡單、美味。我們細細品嘗這碗湯——我不記得我們還吃了什麼，只記得美味的湯和新鮮的法國長棍配奶油。

我們的法國之旅其實是莎拉發起的，她想去巴黎已經有一段時間了。小時候，母親在友人霍普旅居法國工作期間，曾經教我用法語從一數到十，但我的法語程度大概僅止於此；除了用法語從一數到十，以及小學四年級學過的拉丁文之外，我完全不會說第二外語。但我喜歡大三到國外留學的想法，莎拉和我都認為這可能會是有趣的經驗。出發前的那個夏天，我在一家銀行當櫃檯人員，為我們的旅行賺旅費。

我們不能一直免費住在飯店裡——必須在城裡找到別的住宿，於是我們挨家挨戶地詢問一間間飯店，打聽在左岸、靠近我們學校的地方，哪裡有房間出租。我倆都不會說法語，真是可怕極了。我們最終在學校路（Rue des Ecoles）找到臨時住處，在一棟四層樓的無電梯公寓，後來又找到一棟老房子裡的房間，那個地方要付錢才能用公共浴室洗澡。它位於第十四區的戈布蘭大道（Avenue des Gobelins），穆浮達路（Rue Mouffetard）的盡頭。如今回首，當時的我們能住在那裡非常幸運，因為穆浮達路是一條市場街。我們每天沿著這條鵝卵石鋪成的蜿蜒街道前往拉丁區的中心，街道旁擺滿露天的蔬果攤位。

莎拉和我本來應該去修索邦大學的法語文明課程（Cours de Civilisation Française at the Sorbonne）。和我們在加州大學柏克萊分校的課業無關——我們是自己報名了這個法語文明課程，但我**根本沒有**去上課。我是不知道莎拉的出席情況啦，但我整個學年只去了一兩次。沒去上課的時候，我們到處旅行，我們搭便車，我們看展覽、聽音樂表演、上小餐館吃飯，我們在市場逛好幾個小時。我們聽了很多場音樂會；我聽蘇聯古典小提琴名家大衛・歐伊斯特拉赫（David Oistrakh）在巴黎歌劇院的演奏會。我們拿免費學生票，樓座最後排的座位，離舞臺不能再更遠，但距離不是問題：他演奏了最美麗的貝多芬小提琴協奏曲。我從沒聽過這麼棒的演奏——我激動不已。我內心的敬畏和初次看到夏特大教堂（Chartres Cathedral）的彩色玻璃時的感受相同。我愛上位在巴黎市中心西岱島（Île de la Cité）的聖禮拜教堂（Sainte-Chapelle）：它令人感覺親切的大小，以及當太陽穿透彩色玻璃時美到令人屏息的光。你會覺得自己被這個地方的美吸引。我喜歡那種感覺：美就在你的身邊，籠罩著你。更別說這是人類在幾個世紀前創造出來的！這類神聖空間都是為了讓人們感覺自己昇華了——覺得應該成為這個神聖宗教的一分子。當時我並不知道，但我正在上**真正的**法國文明課程，儘管我從未走進教室。

在巴黎市場中的我。

莎拉是完美的旅伴，有活力、樂觀又能適應文化。她總是想要參觀不同的博物館，去看某某藝術品，譬如羅丹美術館（Rodin Museum）的雕像，或是馬內（Édouard Manet）的《草地上的午餐》（*Le Déjeuner sur l'herbe*），收藏在國立網球場現代美術館（Jeu de Paume）——於是我做了自己旅行時八成不會做的事。她個頭嬌小，身高和我差不多，淺棕色髮絲髮量茂密。她很有主見。以前我們在聖塔芭芭拉分校的阿法斐姊妹會時，其他姊妹會的人會稱呼莎拉和艾蓮諾是柏拉圖與蘇格拉底，因為她們什麼都辯論，而且總是被捲入深談。莎拉非常自信沉著，比我通曉人情，而我的個性有點散漫又不諳世故。我當時還不是個領導者。莎拉讀很多書，熟知音樂趨勢——她是我們這群朋友當中，最先欣賞披頭四（The Beatles）、滾石（The Rolling Stones）、瓊・拜雅（Joan Baez）、巴布・狄倫（Bob Dylan）的人。她做什麼事都很有品味，在我們一起四處遊蕩認識法國時，我們對同樣的地方、食物和藝術感到興奮。

我們也和男孩約會。安布羅瓦茲（Ambroise）是莎拉的，尚—迪迪耶・利維（Jean-Didier Levy）是我的。安布羅瓦茲和尚—迪迪耶都是法國學生，他們就讀於巴黎綜合理工學院（École Polytechnique），是非常難進的一所學校——他們在某個咖啡館或餐廳和我們搭訕。真正教我們享用美食的是尚—迪迪耶和安布羅瓦茲，重點是每天挑選合適的小餐館吃晚餐。我們四個人會查看店門口張貼的菜單，然後稍加評論一番：「噢，他們昨晚就有這道菜。」「你覺得那些牡蠣是什麼時候送來的？」「我們要吃反烤蘋果塔嗎？」「你吃過他們家的蒸淡菜嗎？」做出選擇之前，我們**最起碼**會在三間餐廳前這樣做。我總是不太耐煩。莎拉和我已經想開動了，但卻必須先評估這些選擇，聽尚—迪迪耶和安布羅瓦茲爭辯每間餐廳的相對優點。他們可能有點在向我們炫耀的意思，但他們最終總是選得很好，我們每次都享用到美饌佳餚。我以前從來不曾像這樣吃飯，帶著那種辨別能力品嘗使食物更顯美味。

我們從尚—迪迪耶和安布羅瓦茲身上學到，在主菜之後、甜點之前吃一點綠色沙拉。沙拉的功能是淨化味蕾，會淋一點橄欖油和醋做成的美味油醋。我會注意所有美麗的、不尋常的生菜類型，尤其是葉子小小的羊萵苣（rosettes of mâche）。（但沒有芝麻葉——那種生菜當時仍然僅屬於法國南部。）沙拉始終都是餐點的一部分，我們總是在吃甜點之前吃沙拉。在成長過程中，我們家在冬天吃整顆直接截切的結球萵苣搭配叉骨牌調味醬。我喜歡它鹹鹹的味道，還有它的口感，但我不記得我喜歡沙拉，真的沒印象，直到我來到巴黎。沙拉是法國人給我的一份大禮。我熱愛沙拉，而在回國後，那些綠色沙拉成了我拿手菜很重要的一部分。

一九七〇年代初，我去南法玩，然後愛上了綜合拌生菜沙拉（mesclun，通常有山蘿蔔、芝麻葉），這是一款混合新鮮葉菜的沙拉，在尼斯方圓四十五分鐘車程外的任何地方都看不到。我愛到買下了葉菜的種子，然後把它們種在我的後院，好讓我們可以在帕尼斯之家提供這道菜。綜合拌生菜沙拉成為固定菜色，帕尼斯之家使用我種在後院的沙拉可能有整整五年，而後北加州的莎拉・法蘭德斯，照片攝於我們的巴黎公寓。

農民才意識到其市場需求並開始種植。我想，如果說這個國家有哪件事是我一手促成的，有什麼可以稍微歸功於我的東西，那就是真正的沙拉在美國各地普及。

我對那道綜合拌生菜沙拉非常自豪，自豪到我把它帶到了紐約。一九七〇年代末，餐廳打響名號後，帕尼斯之家成為《花花公子》（*Play Boy*）雜誌評選的二十五家國內最佳餐廳之一。（我們排名第七！）雜誌邀請評選名單上的每家餐廳到紐約市的大型慶祝會上烹飪一道菜。我腦中立刻掠過**我要做一道沙拉**的念頭！**那是我的招牌菜**！我的密友瑪麗昂．坎寧安（Marion Cunningham）曾與名廚兼美食作家詹姆斯．比爾德（James Beard）共事，她說：「詹姆斯可以借你一個碗，然後你可以在他家做沙拉醬！」（諷刺的是，瑪麗昂本人是結球萵苣的超級愛好者。）果然，詹姆斯．比爾德借給了我一個漂亮的木碗，而我做了我們帕尼斯之家版本的綜合拌生菜沙拉，裡面有山蘿蔔（車窩草）和香草，以及我們搭飛機從加州帶來、漂亮的鮮採生菜。

主辦單位廣發邀請函給整個紐約市，《花花公子》名單上的每家餐廳都設了一個工作站。其他受邀的廚師清一色是男性，有的做法式料理，有的做義式料理，受過傳統的廚師訓練，代表像是「馬戲團」（Le Cirque）等來自紐約的餐廳。我非常尊敬在場每位廚師，能夠和他們一起入選，我深感榮幸。當我抵達會場環顧四周，我發現這些廚師們要不是在製作精美的冰雕，就是在製作鮭魚可內樂（salmon quenelles）[1]。還有人正在準備全套的龍蝦盛宴。我們在活動開始前拍了一張大合照——我穿一件有風琴袖的古董栗色連身裙，領口縫著顏色非常淺的藍色寶石，旁邊都是穿黑色西裝的男人。身為萬綠叢中的一點紅，準備製作綠葉沙拉，我簡直是無地自容。生不如死。

令人吃驚的是，那道沙拉成了隔天的熱門話題。我不覺得我的擺盤有什麼特別之處——我只是把沙拉盛在盤子裡！我們甚至沒有放烤山羊起司，就只是，生菜。但人們的反應讓我看清真相。那讓我意識到自己的天真，但也為我們在餐廳所做的事情的純樸感到自豪。我竟然覺得可以去紐約，端一盤綠葉沙拉當帕尼斯之家的招牌！我記得自己整晚都在跟來到我工作站的人說，詹姆斯．比爾德出借他的沙拉碗給我，彷彿這樣說能讓我顯得比較可信！好像在說，呃，至少他認為這道沙拉還不錯。

．．．

巴黎的甜點是反烤蘋果塔，或者是一盤野草莓（*fraises des bois*）。我從未嘗過像野草莓這樣的味道，而且起初它們被端上桌時，我甚至不知道它們是什麼：一盤小而乾癟的野草莓，還有法式

1譯注：可內樂或稱法式魚丸。由魚與肉混合成蛋狀，是一道製作程序非常繁複的里昂名菜，以高貴法式料理的形象深植人心。

酸奶油和一瓶糖罐，就這樣。美味到令人飄飄欲仙：精緻、香甜、富有層次、多汁。

我們上館子用餐時品嘗了很多起司——主菜之後，我們總是吃沙拉搭配起司，然後尚—迪迪耶和安布羅瓦茲又會開始爭論起司的事：「這個夠成熟了嗎？那個的溫度對嗎？」能談的全談了。我真正愛上的是瓦許翰起司（Vacherin）；它有美麗、凹凸起伏的頂部和稻草橙色的外皮，只在秋季和耶誕節前後成熟。它是半軟質起司，一切下去就會開始流淌，幾乎有一種野生蕈菇的味道。它至今仍是我的最愛之一。

我一直想要更深入認識好的起司。多年後，我有幸認識尚·達洛斯（Jean d'Alos）。尚·達洛斯是一名起司熟成師（affineur）。他在拉拔和照顧起司方面的知識使他獲得「熟成師」的特別頭銜。我們的主廚尚—皮耶·穆勒在某趟波爾多之旅中介紹我們認識——尚—皮耶在離波爾多不遠的地方長大，和尚·達洛斯交情甚篤。這不代表我當時對起司了解不多——拜我的法國行之賜，我懂起司，但我不知道起司的世界可以那麼深奧。尚·達洛斯在起司還很年輕的時候去每個生產起司的農場，然後他會養它們，直到成熟可以食用。他的起司店面可能有二十五種起司，但如果你走進他的地窖，會看到成百上千輪的起司，而他知道把每一輪起司拿出來賣的確切時間。這點令我眼界大開。

他告訴我兩件我不知道的事。一個是品嘗起司時，要先嘗一下裡面，然後嘗一下外皮，再決定要不要一起吃。外皮是用來保護起司的，有時味道強烈，有時不然，有時兩者的味道互補，有時則否。我學到的第二件事是，切起司的時候要能反應起司的原始形狀；如果是又高又圓的起司，就切得很薄，這樣就能知道它原來又高又圓。如果切得不好——例如把末端切掉，把最軟的部分給一些人，最硬的部分給另一些人，那就無法品嘗到起司完整的特質。而且，一定要看到起司的外皮，欣賞它，或透過外皮辨識起司的種類。這些全都是製作起司的魅力所在。

尚．達洛斯認識他每年收購起司的每一位農民和牧羊人。我們和他一起去庇里牛斯山見一個做起司的人，那次的經驗也很有啟發性。牧羊人呼喚他的牧羊犬把羊群集中起來，於是羊紛紛從山坡上跑下來。接著，他花了幾個小時一一給每頭羊擠奶，將所有的奶倒進火上的一個大鍋，用手在溫熱的奶中幫起司成形。這工作令人難以置信——他付出這麼多勞力，最終只獲得一塊起司。我喜歡早上可以看到羊群在吃苜蓿，並在晚上喝羊奶時嘗到苜蓿的味道。隔天早上，我們會吃用那些羊奶做成的瑞可塔起司（ricotta）——牧羊人把瑞可塔起司和玫瑰果醬端上桌，玫瑰果醬是他祖母用庇里牛斯山的野玫瑰製成。那是我這輩子吃過最棒的一頓早餐。

．．．

莎拉和我每天早上都會出門買一條熱騰騰的法國長棍麵包——我們迫不及待地帶回家塗果醬

吃。我記得初嘗杏桃果醬塗在剛出爐法國長棍麵包上的滋味——我每天都想吃。我也的確每天都吃！在那個年代，巴黎每個角落都有用柴燒烤箱烘培法國長棍麵包的地方——每個人早上都去麵包店，排隊等著買麵包。我們午餐也吃麵包，晚餐吃得甚至更多；餐桌上的籃子裡總是有些麵包。法國人在火車站賣奶油火腿法國長棍麵包——我們在法國旅行時經常買。小販會帶著一籃法國長棍麵包做的三明治來到火車窗前，你可以把手伸到窗外、帶一個長棍三明治上路。

我一直到來了法國，才初次體驗品嘗葡萄酒。小時候，我父母家裡沒有葡萄酒，他們只喝調酒。父親晚上下班回到家，他們會各喝兩杯蘇格蘭威士忌摻水——至少我父親肯定會喝到兩杯。但我們紐澤西「料理」對葡萄酒一無所知。

莎拉和我知道，我們在巴黎用餐必須點葡萄酒，但我們擔心**點錯**酒會出洋相。因此，我們從不點紅酒或白酒——我們總是點粉紅酒。這似乎是不會錯的安全牌，而且酒單上的粉紅酒選項通常比較少。也許這就是我至今仍然喜歡粉紅酒的原因。當時的法國人**也喝**可口可樂這類飲料——並不是說法國沒有美國產品，不過法國人總會把可口可樂倒進玻璃杯，加檸檬片，用吸管喝。而且玻璃杯不是很大，卻很昂貴。

巴黎人令我們膽怯——每次我一開口，他們就會用法語說：「我聽不懂，我聽不懂。」我一點也不想說話，所以我們會找像安布羅瓦茲或尚—迪迪耶這樣的人來幫我們說話。（我現在**能說**法語，但其實我只是把英語翻成法語說出來。我可以用法語與人交流，但肯定不具詩意，而且得先喝下一瓶葡萄酒。）我最怕的是服務生。所有的服務生的態度都有點不太稀罕和傲慢，即使在家庭小餐館也是如此。巴黎不太喜歡美國人。真可惜，因為我**好愛**巴黎。我只是單相思。

一九六五年三月三十日

母親和老爸，你們好嗎——

現在我應該非常高興——滿足，不沮喪，因為天氣一直很好，就像加州，然而就像我告訴你們的，我弄丟了我的錢包！……

誠如我前面說的，天氣一直很不錯。現在我穿著罩衫和裙子坐在這裡，窗戶敞開，鳥兒啁啾——微風徐徐，太陽就要落下。昨天也是像這樣的一天。我熱情過了頭，從我們住的地方步行到香榭麗舍大道！首先，我們坐在盧森堡花園裡，試著曬黑我們蒼白的臉。樹木即將進入開花期——你可以看到綠葉長出來，花朵燦爛，花圃裡滿是水仙花，點綴著紫羅蘭。眼睛不管往哪看都會看到噴泉。我認為是花園讓巴黎如此宏偉！……

週五晚上，我的法國朋友尚—迪迪耶帶我出去吃晚飯，然後給我看了他的非洲和巴西幻燈片，用法語敘述。他的法語很美，博學多聞——不幸的是，他對美國了解太多了。他不斷提起三K黨或類似的東西，藉此說明法國文化與美國文化是多麼不相容。他認為兩國的文化是對立的，真是有夠令人沮喪……我真希望我能想到 les États-Unis（美國）所有的優點。我對民主和自由的任何想法都會立刻被挑戰：「美國在越南做什麼？如果你知道任何**事實真相**，我洗耳恭聽。如果這是一場解放戰爭，我們為什麼要干涉呢？」法國人顯然希望我們離開。他們希望我們**無法運作**。真是一團糟！……喔，對了，莎拉的拉丁美洲朋友說，如果他發現美國女孩的錢包，他會把錢包賣掉，然後把錢送給不像美國資本家那麼有錢的飢餓窮人！希望我的錢包不要被巴西人找到！

我可以繼續說下去。我有數不清的事情可說，但我的手很痛，而且我還有五封信要寫。伊娜姨婆寫的長信是最可愛的——她真的很棒。母親，告訴她我很快會回信，還有艾倫——天啊！我快要當阿姨了！一個胖阿姨，如果我不停止吃糕點麵包的話！現在的我對一切充滿熱情，不能再更熱情了。我愛巴黎！我愛旅遊！我非常渴望再次說法語！我愛活著！不，我想這話說的有點過頭了。我很高興我在這裡。我真希望你們也在這裡。事實上，我感到內疚，因為你們應該早於我造訪此地的。我知道我忘記說些重要的事了，但話又說回來了——

愛你們的，

愛莉絲

．．．

我對法國的愛有如無底洞，所以莎拉和我會在週末使用歐鐵通行證（Eurail Pass）到法國各地旅行。我們也從巴黎搭便車；我們會沿著正確的方向坐地鐵到最底站，再從那個地方開始搭便車。我們常搭到卡車司機的便車──他們似乎通常是年長的、非常嚴肅的法國人。我們會和司機一起坐在駕駛室的前排，我不發一語地坐在那兒，聽莎拉和司機對話。但我們沒有一點害怕，也沒有任何不好的經驗。搭便車似乎是如此簡單──我現在覺得難以置信。

我們其中一趟旅行去了布列塔尼的一座小鎮阿凡橋（Pont-Aven）。莎拉和我想看看啟發高更畫作《黃色基督》（*Yellow Christ*）的十字架。我們在靠近阿凡橋的河畔偶然發現一家小餐館，剛好在小鎮的外圍，幾乎是鄉間了。我們看了看菜單、走進門，要了兩個座位吃午餐。餐館在一棟房子的二樓，俯瞰鄉間風景和阿凡河，全部的桌子都鋪有粉紅色桌布。那天的菜單是醃火腿配甜瓜、焦化奶油鱒魚全魚佐杏仁片，以及一個覆盆子塔。沒得選，挑明了說「這就是我們今天的菜色」。每道菜都低調地令人激賞。那頓飯給我倆留下**非常深刻**的印象。後來，我意識到那裡的食物如此美味，是因為鱒魚可能就來自窗外看到的小溪，甜瓜來自他們的園圃，而火腿大概是老闆**自製的**。完美的一頓飯。多年後，當我開帕尼斯之家時，我拿那次的經驗當藍圖。

餐廳裡擠滿法國美食家──至少我覺得他們是美食家，因為他們顯然很享受這裡的食物。餐廳裡的每個人都在說：「**噢！真美味！**」在其他餐廳，法國人通常只是聳聳肩說：「**噢！還可以。**」他們**從不**對任何一頓飯表達什麼，即使餐點很棒——也只會用一副不稀罕的態度說「還可以」。但這間餐廳的人驚呼連連！莎拉和我從未見過這樣的事。這是我們第一次看到法國人對一頓飯表現得如此熱情。在場客人甚至請廚師出來，想要當面讚美——**她**。我想起來了：廚師是一位女性。

．．．

當我想起布列塔尼，第一個想到的就是可麗餅。令我墜入愛河的滋味之一：蕎麥可麗餅，在街角的小平爐上製作，盡可能地薄，塗奶油並灑一點糖，然後稍微淋一些柑曼怡香甜酒（Grand Marnier）。可麗餅**不只一種**。捲起來配果醬吃的那種小小白白的薄煎餅可以非常美味。但我說的是蕎麥可麗餅，你也可以配一些鹹的料吃，如果你想要的話。在布列塔尼，可麗餅可以加淡菜。我確實喜歡巴黎街角賣的那些可麗餅，但造訪布列塔尼後，我真心愛上了蕎麥——還有蘋果汁！在當時的法國，特色菜只在特定地方吃得到——可麗餅分布在布列塔尼，巴黎也有一點，但其他地方就吃不到了。法國人重視在地食物。我也吃了布列塔尼的牡蠣——那是全法國享用牡蠣最棒的地方。在吃可麗餅之前，我們會點一打現開的半殼牡蠣。它們剛被撈上岸，在我們面前打開，然後直接端上桌！我心目中的完美牡蠣是：貝隆牡蠣（Belon oyster）。

莎拉和我在某次的週末旅行去參觀了凡爾賽宮。那時，我正在考慮主修法國大革命的主題，因為我感興趣的所有課程——音樂、藝術、歷史，都落在歐洲的那個時期，從一七五〇年到一八五〇年。凡爾賽宮是整個法國大革命的事件中心。這個地方的富麗堂皇和奢華鋪張很難不令人震驚；看到那種鋪張的程度，任何去過凡爾賽宮的人都會理解為什麼民眾要反抗。對我來說，在剛剛接受柏克萊的激進主義和言論自由運動薰陶後，起義的原因更是顯而易見。但凡爾賽宮也很迷人。十七、十八世紀的凡爾賽宮見證了非凡的藝術與建築發展，後來我才知道園圃也是。

很久很久以後，我和園藝學者安托萬．雅各布森（Antoine Jacobsohn）一起到凡爾賽宮，他向我介紹他們在凡爾賽宮做的事。凡爾賽宮是法國集約園藝（intensive gardening）的發源地，因為國王想要比其他人更快獲得品質更好的水果和蔬菜。他想要在收成這方面搶先一步。法國的集約園藝的重點是充分利用一小塊土地，讓土地盡可能生產最多的食物；這代表把動物糞便加進土壤來替植物施肥，或在一面溫暖的牆旁邊種植植物，好讓植物能更快開花結果。直到我看到這座不可思議的園圃，我才知道凡爾賽宮是一切的起點——他們用自己發明的園藝方法成功地餵飽了一萬張嘴。我總是納悶要怎麼用一座園圃養活一萬個人。

我學到的另一件事是，在十八世紀，因為城堡裡有很多人需要餵養，廚師們曾經擁有「後熟室」（ripening rooms）。水果紛紛被放置在特殊的架子上，架子的設計能確保不同類型的水果在後熟時不會相互接觸。我知道這很罕見，一整個專門用來等待水果後熟的房間，但這個概念是對的；水果在後熟時不應碰到彼此。有關特定品種和如何照顧它們的知識遍布全法國，不僅限於凡爾賽宮。不久前，我在法國的一間農業圖書館，看到一本令人大開眼界的無花果專書。每個無花果都有一幅手繪插圖，搭配介紹無花果的名稱，並詳細描述其味道和外觀。一頁大概有十個無花果，而這本書有五公分厚！我心想，**我簡直對無花果一無所知！**在當時的那個階段，我可能認識十五個無花果品種，最多十五種，然後我大概能描述它們的味道和外觀。但當我發現生物的多樣性可以到這個地步，並見證其中的種種細節，以及法國文化對細節的濃厚興趣時，我簡直驚呆了。

· · ·

復活節假期，我和莎拉搭火車去西班牙——沒考慮到當時佛朗哥[2]還是西班牙的統治者。我在前往馬德里的火車上全程站著，一站就是十個小時——因為時值春假，車廂滿滿都是人。結果，想當然爾，我們抵達馬德里時發現什麼都沒開——博物館關門，餐館關門，什麼都沒有，因為那天是復活節。有很多復活節的遊行活動正在舉辦，但僅止於此。於是我們想，不然，我們去巴塞隆納吧，也許那裡會比較好玩，此外莎拉也提到想要吃西班牙海鮮飯。我不知道我們是用什麼方式抵達巴塞隆納的，但我們去了，然後住在一個陰暗的小房間裡。我看到人們跪在街上，爬行到教堂參加某種受虐狂的復活節儀式——背著十字架，鞭打自己。我們在巴塞隆納確實吃到了西班牙海鮮飯，但感覺太油膩了。我在一間西班牙開胃小點吧（tapas bar）遇到一個金髮外籍人士，他請我吃帶殼的全蝦、試圖引誘我，我也被引誘了；我跟他一起回家。接著，我因為吃了那些蝦病得厲害——感覺就像一場惡夢。莎拉和我等不及想回法國。回到我們在巴黎熟悉的生活真是一大解脫。

· · ·

在我們留學那年的尾聲，莎拉可能有去索邦考期末考，但我應該是沒去。我肯定沒有通過考試。在回柏克萊之前，我們用歐鐵通行證和身上僅剩的一點點盤纏展開了一趟歐洲「巡旅」：哥本哈根、威尼斯、羅馬，停留各大城市，但每個城市只是踩踩點。天氣熱得嚇人，熱到我跑進羅馬的特雷維噴泉（Trevi Fountain）游泳——想也知道，這是不被允許的。

2譯注：佛朗哥（Francisco Franco，1892-1975年），西班牙軍隊領袖，於一九三六年發動軍事政變，同年十月成為西班牙元首，直到一九七五年逝世後，西班牙才結束獨裁統治。

莎拉和我坐火車前往鹿特丹搭學生船回紐約。「大熊號」（*Groote Beer*）由一間折扣旅遊社經營，提供便宜的學生票。在碼頭等船時，我遇到另一位正在海外旅遊的柏克萊學生提姆．薩維納爾（Tim Savinar），他的前一站是希臘。我立刻愛上提姆：他皮膚黝黑，身材苗條，有趣、感性又健談，而且學識淵博。

我在船上讀了托馬斯．曼（Thomas Mann）的《魔山》（*The Magic Mountain*），因為提姆推薦我看。《魔山》的故事是關於隔離在瑞士最高峰療養院裡的肺結核病患；日復一日的孤立和孤獨迫使人陷入內省的狀態。我一頭栽進書裡，沉浸其中。過了一陣子，我們橫渡大西洋的船感覺就像漂浮在海上的療養院——有鑒於我暈船暈得厲害，幾乎就是療養院沒錯。乘坐「大熊號」回到紐約花了五天或更長的時間。我和莎拉的客艙位於海平面下，而伙食在航程期間每況愈下，很快地，我們只剩下甘藍菜和牛肚可吃。我一度再也受不了了；我和提姆一起去船頭，在船頭站上幾個小時。我完全**無法回到室內**面對那股氣味——實在太難受了，牛肚和甘藍菜的氣味無孔不入。

我為提姆瘋狂。他是我遇到第一個覺得可以介紹給家人認識的男人。他非常親切、坦率且體貼。他也是加州大學的學生，所以回到柏克萊後，我們約會了一段時間，但最後他不得不鄭重地告訴我，他並不愛我。我不記得我們約會了多久——反正對我來說不夠久。（最後，他娶了我的好朋友派蒂．翁特曼〔Patty Unterman〕，因此我們成了一輩子的朋友。提姆甚至擔任帕尼斯之家的董事會主席多年。）

在碼頭等待我的提姆・薩維納爾。

提姆也讓我得以轉移焦點，不去注意自己真正的感受：我對離開法國感到非常難過。我不太知道自己回到柏克萊要做什麼——我知道我必須完成學業，但我對此並沒有熱情。我覺得我在某些方面不一樣了，我在法國認識了一種生活方式，而它不可挽回地改變了我，但我並不清楚自己確切的變化。

後來，尚—迪迪耶向我求婚。他寄了一張回法國的機票給我。我喜歡他，但我絕對沒有想要嫁給他。我愛上的是法國，不是尚—迪迪耶。

許多年後，我收到一封信，說我被授予法國榮譽軍團勳章（Légion d'honneur）。這是我得過最有意義的獎項之一。我向法國人學到了很多。獲得這個獎項時，我意識到，我帶回美國的不僅僅是法式料理，我還帶回了法國的慢食文化（Slow Food culture）。我想，這就是我獲得榮譽軍團勳章的原因——因為我保存且傳達了法國人認為有價值的法國文化。但這不代表在一九七〇年代末和八〇年代初，不會有法國顧客來到帕尼斯之家，然後說：「這不是烹飪，這是採購。」但我收藏的法國烹飪書籍可以追溯到法國美食學的起源，它們是帕尼斯之家的基礎。布西亞．薩瓦蘭（Brillat-Savarin）寫過一些最重要的觀念：「國家的命運取決於他們的飲食方式。」還有「我們吃什麼，就是什麼樣的人」。這些都是我仍在努力向世界傳達的觀念。

推薦我授勳的是法國駐舊金山總領事館，所以我是去那裡領獎的。典禮上，勳章在他們幫我別別針時掉到地上——而且摔破了！

「我的天！」我說。

幫我別勳章的人只是彎下腰把它撿起來。「嗯，它們現在是中國製造的。你去巴黎的時候可以再拿一個。」

我簡直不敢相信——它們這麼容易就壞了，因為榮譽軍團勳章再也不是法國製造！勳章本身不再像以前那樣有價值。

在那之後的巴黎行，我專程去修理勳章。「我想用緞帶把這枚勳章掛在脖子上。」我對修理的人說。

那個人驚恐地看著我說：「你不要用緞帶戴它。你要用別針別著它。別在你身體的左側。」他堅決地要求我，一定要把勳章放在它唯一應該被佩戴的地方：在我的心臟之上。

我在舊金山的婦女和平遊行中站於前排，照片約攝於一九六六年。

07

政治關乎個人

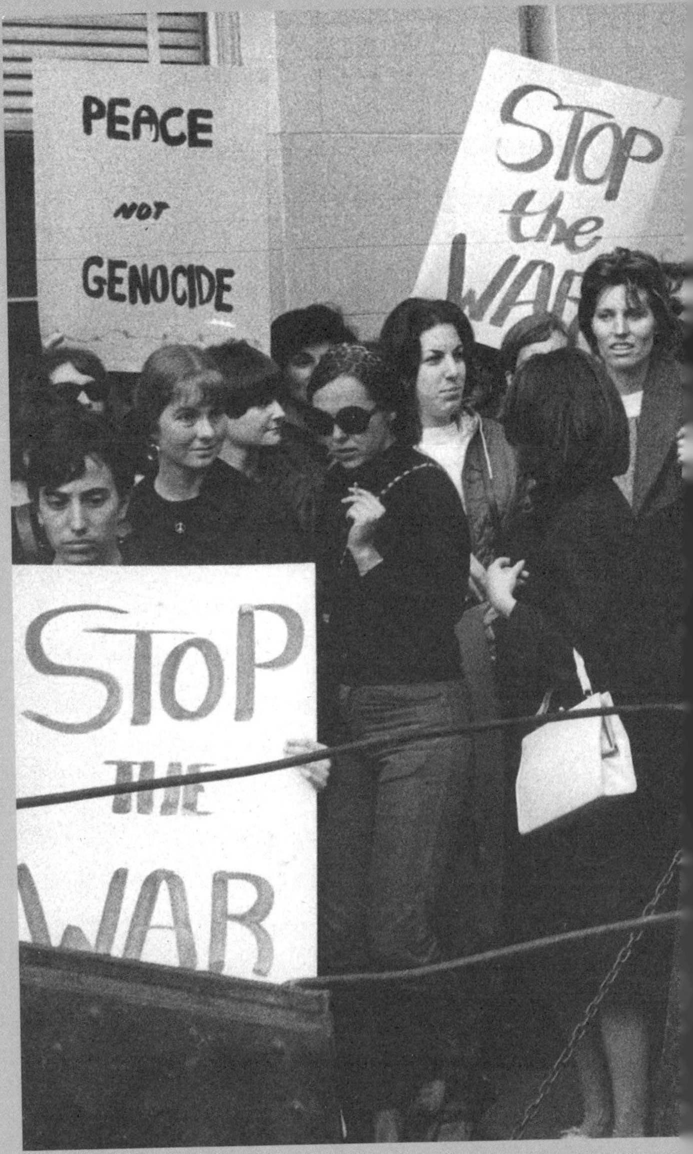

Politics Is Personal

我從法國回來後，艾蓮諾、莎拉、貝琪和我搬進德懷特路的一棟維多利亞式老房子。我感覺自己是最見多識廣的人。我以為我什麼都懂。我想要像法國人一樣生活。好巧不巧，有個法國人皮耶・弗蘭（Pierre Furlan）就住在我們這棟屋子的地下室公寓裡，時不時會闖進我們的生活。皮耶的法國記者朋友尚・康特奈（Jean Contenay）有一次送給我們奧斯利・史坦利（Owsley Stanley）[1]的LSD作為喬遷禮物；奧斯利的LSD最早出現，也是品質最好的，當時它還合法——肯・凱西（Ken Kesey）、披頭四，以及提摩西・利里（Timothy Leary）都是服用他製作的LSD。尚・康特奈在大蘇爾（Big Sur）採訪亨利・米勒（Henry Miller）後，到我們的閣樓裡住了幾晚，並給我們三片LSD作為臨別禮物——可能是在大蘇爾拿到的。LSD讓我飛上了天——真的不誇張。我有了靈魂出竅的體驗。我真的以為我在天花板俯視艾蓮諾，而且我懷疑自己可能再也不會回到地面了。周遭的一切嗡嗡作響、不停移動，我必須非常留意我的想法。如果我想到草叢裡的蟲，我會突然發現蟲子無所不在；如果我想到地板木頭的紋理，我會看到木紋的分子結構在移動。我就用過那麼一次而已——我再也沒碰過LSD。

有時，當艾蓮諾、莎拉、貝琪和我在實驗法國食譜時，皮耶・弗蘭會打電話到樓上，問我們晚餐吃些什麼，然後上來和我們一起做飯。他懂烹飪，如果我們開始偏離軌道，他會幫忙修正和補充，抑或是提供一些建議。當時，我很常做蕎麥可麗餅，而且看很多茱莉亞・柴爾德（Julia Child）的節目。她和我是同一種人。她很有趣，也很貼近大眾——她會把掉到地上的雞肉撿起來，然後繼續做菜，而我想精通法式料理之道。我有買她的書《法式料理聖經》（*Mastering the Art of French Cooking*），但對我來說那本書有點難以理解；它沒有圖片，食譜寫得又長又瑣碎，而且有很多關於嚴謹度的篇幅。令人看了退避三舍。幸好，她有電視節目——我喜歡她的舉止，而且她和我一樣都是法國迷。

我一直說茱莉亞・柴爾德的節目讓帕尼斯之家能夠被看見。那是事實——如果不是茱莉亞讓大眾認識了法國料理，我們的法國小餐廳永遠不會成功。幾年後我有機會認識她，那是在餐廳開業大概十年後，我和茱莉亞拍攝了一集她的節目。我們是一對有趣的搭檔：茱莉亞身高超過一百八十公分，我身高一百五十八公分，她在我旁邊就像一座高塔。我顯然沒有以廚師應有的專業手法備料——她很清楚。當我用手指替橄欖去核時，她用她長笛般的聲音說：「噢！愛莉絲，這是你去橄欖核的方式嗎？真是迷人！」我烹飪時比較喜歡用手。在另一個茱莉亞・柴爾德的節目中，我的任務是做沙拉。我用手攪和，時不時試吃一片葉子——我認為用手拌沙拉更容易判斷葉子上的油和醋是否適量。茱莉亞低頭看著我這樣做，我的雙手沾滿油醋汁，然後說：「啊，是

1譯注：奧斯利・史坦利（Owsley Stanley，1935-2011年），一九六〇年代舊金山灣區嬉皮運動的關鍵人物，祕密製造了至少五百克的LSD。

不是也可以用兩根湯匙來拌呢，愛莉絲？」於是我說：「噢，當然。我一般會用兩根湯匙！」但其實我不會。

· · ·

一九六六年，我開始為鮑伯．席爾（Bob Scheer）的國會競選團隊工作。鮑伯後來變成我生活中很重要的人。他是《堡壘》（*Ramparts*）雜誌的激進記者，並為聖塔芭芭拉的「民主制度研究中心」（Center for the Study of Democratic Institutions）撰寫名為〈美國如何捲入越南〉（How the United States Got Involved in Vietnam）的白皮書。我拜讀過那篇文章，那是一篇精采的揭露文章，概述有關美國怎麼會捲入越戰的驚人事實。他讓我們看見越南正在發生的悲劇。這篇文章成為反戰運動的宣言，在校園裡一傳十、十傳百——這是言論自由運動自然的延伸。

我總是被優秀的演說家吸引。我敬畏說話能引起普世共鳴的人，把複雜的事深入淺出地傳達，讓每個人都能理解。鮑伯．席爾是其中的佼佼者之一。他以第一批反越戰候選人的身分競選國會議員，在寫下白皮書後不久，到加州大學柏克萊分校發表演說。我覺得他是政界少數幾個真正說真話的人。我想這就是母親聽阿德萊．史蒂文森發言的感受。當我聽到鮑伯．席爾講話，我就決定了：我想為他工作。他用他的話語激勵了群眾。演講結束後，我就這麼跟他說，於是他說：「這樣的話，歡迎加入團隊。你可以開車接送我跑行程。」

大約在那個時候，我因為幫席爾競選認識了傑瑞．魯賓（Jerry Rubin）——我對他一片痴心。傑瑞是在加州大學柏克萊分校閒晃的反戰社運分子，但其實他不應該出現在校園。他的態度比鮑伯更具侵略性和煽動性——傑瑞有時像一個無政府主義者。後來，他和艾比．霍夫曼（Abbie Hoffman）共同創立了青年國際黨「易皮士」（Youth International Party, the Yippies）。我很常見到傑瑞，莫名地深受吸引，我們常常一起在城裡走動。我跟著他四處跑的那幾個月，我不記得我們談論了什麼，但我感覺自己像祕密社團的一分子，走進很多擠滿激進分子和革命分子的房間。他看起來就像黑白電影裡的角色，穿棕色長外套，戴一九四〇年代毛氈軟呢帽，帽簷壓得很低。我們沒約會，但我想我是他的祕密愛慕者。我認為他對政治比對性更感興趣。

大約在那前後，我中學時的祕密愛慕者里奇．托馬斯正準備前往越南。他本來不想去，但被延攬當翻譯，所以他來到西岸，在蒙特利（Monterey）的語言學校學習普通話。放假期間，他會來柏克萊看我。我們約會了幾次，短暫墜入情網。里奇真的非常非常聰明，也是很棒的作家；他有一輛摩托車，我們會騎著它過橋到舊金山，去海濱的美景咖啡館（Buena Vista Café）喝愛爾蘭咖啡。里奇有錢，至少比我有錢一點，他會住在我們德懷特路的房子裡，買君度香橙利口酒（Cointreau）給我，好讓我可以用來做可麗餅。最終，他的學校告訴他，他不能再到柏克萊來了。我沒有對他手下留情。當時的我吸收了大量的反戰灌輸，正在為鮑伯．席爾工作，這讓里奇感到不舒服，因為他知道他必須去越南。我替他感到非常難過。他不斷想要告訴我，他會在一個特殊的地方，他只是去當一名翻譯，我不用擔心他。

於是他去了越南——而我再沒有收到他的音訊。我猜想，他的經歷可能極端到甚至無法和我說話。我試圖聯繫他很多次，後來我聯絡上他的母親，她說他已經回到家鄉，而且和高中時的女朋友結婚了。多年後，看完電影《現代啟示錄》（*Apocalypse Now*），我想我懂了。這情況發生在很多經歷過可怕事情的人身上：他們需要和令他們感到困惑的過去隔離。又或者，誰知道呢——也許他只是覺得**我這個人**很難傾訴。

．．．

那一年的某個時候，艾蓮諾、莎拉和我都去了柏克萊的赫里克醫院（Herrick Hospital）。莎拉宣布：「我們需要去那裡拿避孕藥。」我有點害羞，要不是有莎拉和艾蓮諾作伴，我自己可能不會去。我們到診所，做了檢查，拿到處方，就大功告成了。從某些方面來說，在一九五〇年代和六〇年代初當女性真是可怕。我認識一些被迫到墨西哥做危險的祕密墮胎的女孩。在聖塔芭芭拉，所有女生讀完大四後都立刻結婚，除了為人妻和為人母，她們沒有其他身分——她們絕對都不會承認有過婚前性行為。我原以為我的人生也會是那樣。但到了六〇年代中期，在柏克萊這邊，和男友未婚同居是可以接受的——這是一個很大的改變。

即便如此，很多東西還是被避而不談。莎拉提議去拿避孕藥後，對我們**大發雷霆**，因為在她提出這個話題之前，她並不知道我們其他人都已經有過性行為了。我們是這麼親密的一群朋友，住在同一個屋簷下，但不知怎地，我們沒有人想過要談論這件事。

「二十一歲的處女一點**也不**吸引人。」她悲嘆道。

這是一個重大的、奇怪的、過度的時刻；不到五年前，我還在怕自己可能懷孕，怕毀了自己的人生，一點也不了解整個過程。就這點而言，避孕藥改變了我的人生。你從此再也不擔心懷孕——你擔心很多其他的事，但不擔心懷孕。服用避孕藥後，我對於有性行為不那麼內疚了；你可能會遇到喜歡的人，而確認自己想不想更認識對方的方法之一，就是和他上床。我們開玩笑說，就像羅傑斯和漢默斯坦（Rodgers and Hammerstein）的歌〈開始認識你〉（Getting to Know You，《國王與我》〔*The King and I*〕音樂劇裡的曲目）一樣。突然間，我們全都變得自由自在。有了避孕藥後，這完全是稀鬆平常的事——避孕藥解放了我們，它使男人和女人平等，而且保障我們的安全。這已經不再是我母親的世界了。當然啦，我們十年後得知避孕藥含有高劑量雌激素，以及初代避孕藥的所有副作用和危險。但那個時候，我們完全不知情。

柏克萊出現探索「另類」約會交友的各種機會。莎拉和我決定參加還在萌芽階段的電腦約會——也許我們因為服用避孕藥而變得更大膽，但我們很可能只是想要嘗試新事物。電腦約會被認在印刷店裡的大衛。

(Photo courtesy of David Goines)

為是非常時髦的事。（各位不知道，這和今天尋找約會對象的方式相比，有多麼地無趣。）莎拉和我分別填了很長的問卷，幾乎就像一張大學入學測驗的試卷，然後我們的答案被打成一疊電腦卡。這些卡接著被插到某台機器裡，機器吐出測驗結果，上面寫著我們的「完美伴侶」。奇怪的是，莎拉和我被媒合到兩個非常像的男人：高智商的心理學家／性治療師類型。我不知道我們在問卷上答了什麼會吸引到這樣的男人。莎拉後來說，大概是因為她和我一樣高──非常重要的變數！儘管如此，我們和電腦選的約會對象並沒有擦出什麼火花，至少性治療師和我不來電。

一九六六年六月，我走進大衛．戈因斯（David Goines）的印刷店。我們在那裡印鮑伯．席爾的傳單──我是「新聞聯絡員」，每天下午四點都會來拿傳單。我喜歡上令人驚嘆的大型印刷機、美麗的墨水，以及印刷機運作時散發的刺鼻氣味。大衛在那裡忙東忙西，設計和製作絕妙的海報，還教人寫書法。他每天都穿同樣的制服去印刷店：牛仔褲、藍色工作襯衫和背心，還有棕色靴子。他有一頭捲髮，戴小金屬框眼鏡，就像托洛斯基（Leon Trotsky）[2]和約翰．藍儂（John Lennon）的混合體。他隨身攜帶一塊懷錶，背心裡塞著一支萬寶龍鋼筆，他會自己替鋼筆入墨水。他幾乎就像從另一個世紀前來拜訪的人──他深思熟慮的發言、他的禮貌，他所有的一切。

2譯注：托洛斯基（Leon Trotsky，1879-1940），蘇俄布爾什維克主要領導人、馬克思主義革命家，也是紅軍的創立人。

大衛做任何事都力求完美，即便食物也一樣，他的濃縮咖啡無可挑剔：他總是使用完美的咖啡豆，然後用手搖研磨機磨豆。他開始寫一些繪有美麗圖畫的花體字書法小字卡給我。有一天，他邀請我去他家喝干邑白蘭地和濃縮咖啡——他住在一棟有角樓的維多利亞式老屋裡，就在印刷店的轉角處。那天之後，我就有點住下來了。那時候我們才剛開始約會。

遇見大衛讓我認識了印刷，並且看到了一種觀察世界的新方式。我在柏克萊穿梭時注意起無所不在的字體。書籍的印刷方式、標誌的製作方式，以及字母被雕琢的方式，使閱讀的內容變得更有價值。好讀加上好設計會給人不一樣的感覺。就好像走進林肯紀念堂，看到那些刻在石頭上的字母——離開時，你會肅然起敬。

凸版印刷和平面設計被大大地融入帕尼斯之家。這是一種視覺暗示，是一種布置空間使人充分沉浸在體驗之中的方式。如果有好的印刷和好的設計，即使是一份菜單，人們也會更認真地對待它。它的風采被看見，並反映了即將上桌的食物。印刷和設計的重要性被低估，從最小的名片到四、五公尺高的大型廣告牌皆然（儘管我實在不相信廣告牌的宣傳——我認為那應該被禁止）。溝通的方式幾乎就和溝通的內容一樣重要。誠如媒體理論家馬歇爾．麥克魯漢（Marshall McLuhan）所言：媒介即訊息（the medium is the message）。人類經典的溝通方式裡蘊含著文明。傳統是根深柢固的。但現在我們溝通時，不會考慮字體和空白等細節。如果字的周圍沒有足夠的留白，可能會讓人失去專注力。這就是我對帕尼斯之家出版品的設計如此執著的原因。這些烹飪書的目的是提供資訊，而不是灌輸——不是像廣告那樣對人們大聲嚷嚷，而是邀請他們進門，用插圖引誘他們。切莫過度設計——目標是保持一目瞭然和簡明易懂。我覺得凌亂、鮮豔的東西很難讀。太過眼花撩亂。

・・・

我喜歡去印刷廠看大衛或他的印刷同事兼友人湯姆・韋勒（Tom Weller）為海報混合顏色。那過程很夢幻，就像看某人在廚房為你做飯一樣。印刷是一門了不起的藝術——它藏著魔法。我喜歡可以用有效且巧妙的方式印刷新聞、觸及閱聽大眾，把訊息發送出去。

大衛從以前到現在都是了不起的藝術家。[3]有一年生日，他專門為我設計了一個藏書票，以手工雕刻我名字的首字母 ALW，上面搭配一棵樹和一隻小鳥。*Sic Transit Gloria mundi* 是大衛最喜歡的座右銘之一。這是一句常見的拉丁文片語：「世俗的榮耀就這樣溜走了。」有時，感覺來了，他會小心翼翼地在我的烹飪書藏書票圖章上的小橫幅裡手繪這句座右銘。我想，他一定是覺得這

3 譯注：二〇二三年二月逝世於加州柏克萊，享壽七十七歲。

大衛手寫的邀請函。

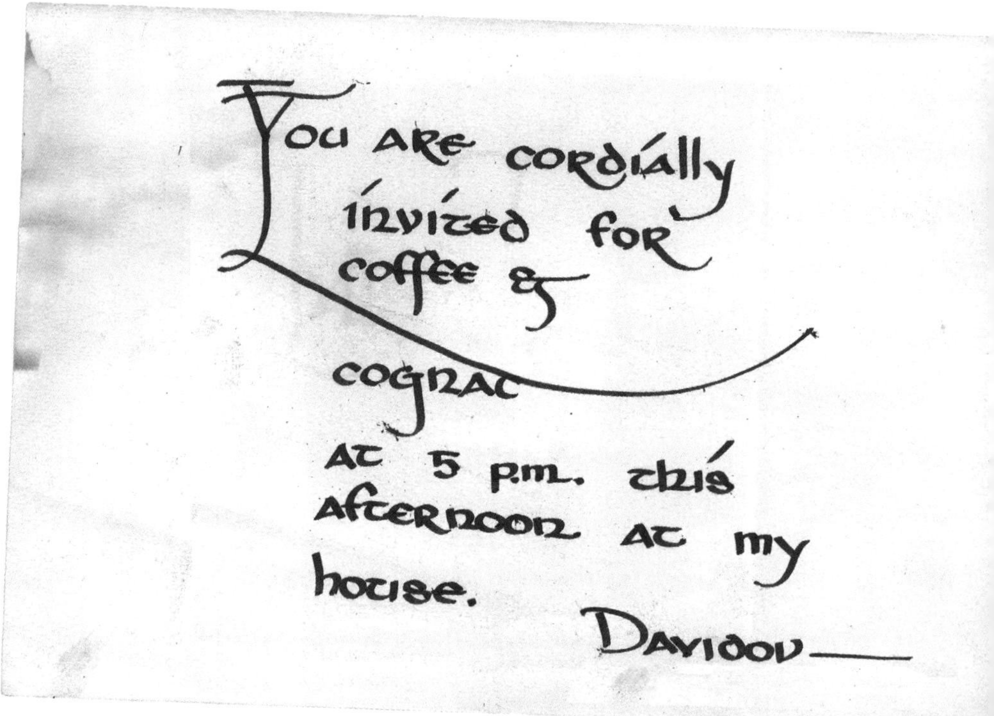
You are cordially invited for coffee & cognac at 5 p.m. this afternoon at my house.

Davidov

很好笑——聽起來有點陰暗，但在當時卻很有道理。在某種程度上，這句話呼籲當世界的榮耀和美麗就在你面前時好好把握。大衛滿腦子浪漫想法——而我真的，很愛浪漫主義者。

大衛從一開始就參與了言論自由運動——他是第一個被趕出校園並被開除的學生。他是曾經在史普羅廣場擺攤的人之一，並試圖散布有關政治活動的傳單，這就是他被學校開除的原因。一九六七年八月，他從事的政治運動導致他被關進聖塔麗塔監獄（Santa Rita jail），監禁三十天。這對我來說很可怕，儘管我自認是社運分子，但我覺得自己沒有勇氣冒入獄的風險。我們可以在會客日去探望他，而只要有機會，我們就會驅車前往。從柏克萊翻過山丘、進到谷地，過了普萊森頓（Pleasanton）之後就是監獄了，車程一小時。監獄的外觀不太起眼，當然有圍欄之類的東西，但不會讓人感到印象深刻。到了之後，我們被搜查，我們和大衛之間總是有鐵條——監獄不准訪客帶任何食物，儘管我很想帶。大衛非常勇敢，不停地安撫我，總是說：「別擔心我。一切都還好，我們在這裡一切都很好。」我每週日都會和他母親一起去探望他。他從監獄寄很多以精美花體字書寫的信給我。後來，他寫了一本名為《言論自由運動》（*The Free Speech Movement*）的長書。他終於出獄的那天，我們開車去聖塔麗塔接他。

大衛的電話號碼是我少數至今還會背的電話號碼之一。

・・・

一九六七年，我的姊姊艾倫、她的丈夫鮑伯．皮索爾（Bob Pisor），以及他們兩歲的兒子、也就是我的外甥大衛（David）準備前往越南；他們要從洛杉磯出發，我去父母家探望他們。鮑伯是《底特律新聞報》（*Detroit News*）的記者，他被派到越南，所以年輕夫婦將攜帶幼子到西貢駐點一段時間。艾倫大學畢業就和鮑伯結婚，本來我以為自己也會跟艾倫一樣。鮑伯有一副好嗓子——唱歌和報導都好聽。我認為他們的婚姻很棒；艾倫和鮑伯一見鍾情，整個大學期間始終相愛，至今仍是濃情蜜意。他們就讀於俄亥俄州的伍斯特學院（Wooster College），他們的婚禮在俄亥俄州首府哥倫布（Columbus）舉行——鮑伯家是哥倫布人。我是艾倫的伴娘；我當時高中二年級，我們家還住在密西根市。當我們沿著走道進場時，祭壇上的小號手演奏了韋瓦第的《小號協奏曲》（*Trumpet Voluntary*）——充滿喜悅和歡樂的音樂。（我後來得知，艾倫婚後不久，母親找她談話，解釋說她需要了解節育的知識——這是母親新婚時完全不了解的東西。她敦促她認真考慮不要生超過兩個孩子。艾倫最終聽從了她的建議——生兩個，就兩個，早在她成為人口零增長的支持者之前！）

那趟去洛杉磯，我們齊聚一堂，艾倫用奶油醬和罐裝蘑菇做俄羅斯酸奶牛肉（beef Stroganoff）。我念她怎麼沒用新鮮蘑菇。艾倫解釋，冬季的中西部沒有新鮮蘑菇，但我拉著她和我一起去市場買一些。用新鮮蘑菇做的俄羅斯酸奶牛肉是截然不同的菜餚，而且更美味。艾倫承認。

我愛兩歲的小大衛，我和他在洛杉磯度過一段非常甜蜜的時光。但這對我來說真的很可怕——我和這個可愛、美好的孩子相處，在後院親他抱他，同時又知道非常多有關越南的事和那裡的恐怖。但艾倫和鮑伯決心離開，最後在西貢生活了一年，甚至經歷到「春節攻勢」（Tet Offensive）[4]那段時間。天啊，我真的很擔心——我們都非常害怕可能收到壞消息。

嚴格來說，我還在學，但越戰和鮑伯．席爾的國會競選就是我的全世界。身為鮑伯的助理，我開車接送他去他要發表演講的機構或會議廳；我會站在群眾最後面聽他演說。我很確定這一切都是志願工作——沒有報酬。在北柏克萊山坡上的一棟工藝美術風格（Arts and Crafts）老屋裡，群眾聚集，聽他談論越南戰爭——他總是能讓一屋子的人群情激昂。艾蓮諾記得我根本是在我們的公寓裡從事競選活動——鮑伯．席爾人在我們的客廳裡、坐在電話旁，而我在隔著三個房間外的地方工作。當電話在他旁邊響起，鮑伯會大喊：「愛莉絲！接電話！」艾蓮諾覺得這點非常惱人，但我覺得沒怎麼樣。

當你和某人心有靈犀，而且他說出你想說的一切，但說得更好，是多麼令人驚奇的感受！鮑伯．席爾非常優秀，非常善於表達——我完全相信他。我鼓足勇氣登門拜訪西奧克蘭每戶人家，

4 譯注：一九六八年一月三十日農曆春節前夕，北越共產黨軍人及越共叛軍突然對南越一百多座城市及前哨基地發動攻擊，讓美方措手不及。春節攻勢在美國激起反戰情緒，最終迫使美國主動發起和談並最終自越南撤軍。

鮑伯·席爾的競選傳單。

BOB SCHEER was a Fellow and Teaching Assistant in Economics at the University of California.

Bob is Foreign Affairs Editor of **Ramparts** magazine and director of its explosive study of Oakland. He has traveled extensively in Southeast Asia, twice in the past year. He is the author of **Cuba, Tragedy in Our Hemisphere** and **How the United States Got Involved in Vietnam.**

Bob and his wife, Anne, have been active in peace and civil rights demonstrations in the Bay Area.

Bob and Anne Scheer

Register Democratic by April 14 • Vote Tuesday, June 7

Bob SCHEER

PEACE • JOBS • FREEDOM

If you want to work or contribute to the campaign or find out more about it, or be registered to vote — call one of the offices below:

SCHEER for CONGRESS headquarters:

2214 Grove St.	2495 Telegraph Ave.	4529 Grove St.
Berkeley	Berkeley	Oakland
549-0690	848-0655	658-9570

(Image courtesy of Robert Scheer)

發送「送席爾進國會」的傳單和徽章。西奧克蘭在二戰後變成非常貧窮的地區，住著從南方來到造船廠工作的非裔美國人社群。我確信大家都能理解為什麼席爾應該勝選——我對他信心十足。結果票數非常非常接近。他拿了超過百分之四十五的選票，甚至贏下柏克萊。但他敗選了。我沮喪不已。我至今仍覺得鬱悶。我記得我在選後拋棄對民主過程的所有信念——我再也不相信改變會發生。我真的，失去了希望。

08

愛之夏

大衛與我，熱戀中。

（Photo courtesy of David Goines）

Summers of Love

一九六七年六月的某個下午，我走出大衛家，街坊裡家家戶戶都在播放披頭四的《胡椒軍曹寂寞芳心俱樂部樂隊》（*Sgt. Pepper's Lonely Hearts Club Band*）專輯。真的是家家戶戶。戶外很溫暖——你可以站在街上，聽從敞開的窗戶傳出來的音樂。這就是一九六七年夏天柏克萊的氛圍。當時美國國內前景黯淡，但披頭四帶回了希望——他們的音樂傳達來自英國的訊息，歡樂、誠實和包容大度的訊息。人人都認同他們的音樂。那樣的音樂比某個人當選更有意義——重點在於愛。而且他們的音樂使我重拾希望。這就是我的「愛之夏」（Summer of Love）。[1]

那時我已經正式和大衛同居，住在有角樓的維多利亞式老房子裡。我們有一張很大的舊桌子，而且我們總是邀請很多人共進晚餐——食物就像音樂，是一股使人安定下來的力量，使人能回歸美好和正軌，再次對世界抱持希望，把所有人齊聚在桌邊暢談政治或打牌。那個時期的我**常常**做焦糖布丁和巧克力慕斯，因為**每個人**都喜歡這兩道甜點。我也做其他菜餚，但拿手絕活是巧克力慕斯和焦糖布丁。我會添加干邑白蘭地或柑曼怡香甜酒代替食譜裡的香草精——這是我的烹飪祕方。有一次，我把巧克力慕斯端上桌，然後大衛說：「你應該知道，這裡面的蛋白質比一般越南農民一星期攝取的蛋白質還要多。」對大衛來說，凡事都和政治有關——對我來說也是，但我還不打算放棄巧克力慕斯。

在我開始準備那一頓頓晚餐時，我不認為我已經有作為一個廚師的自覺。我對吃這件事感興趣。從法國回來後，我想像法國人一樣吃東西，而我能再次品嘗那些風味的唯一辦法，就是自己親手做。柏克萊和舊金山沒有餐廳做法式料理——即使真的有，我也負擔不起。烹飪的過程很累人——我心裡想著某種味道，而我真的**很想**把食物變成那個味道。起初我做不到。我永遠做不出合我心意的菜，除了我做的巧克力慕斯或焦糖布丁，但這兩道甜點無論如何都討喜。

大衛和我發想出一個主意，為《舊金山特快時報》（*San Francisco Express Times*）撰寫關於烹飪的專欄，這份報紙只發行了大概九個月。我想讓所有為《舊金山特快時報》工作的人對真食物感興趣。法國是這一切的源頭——我在那裡被喚醒，開始懂得品嘗，我希望每個人都像我一樣被喚醒。我堅信，如果我給人們吃對的食物，如果我讓他們去品嘗以前不曾吃過的東西，我就能贏得他們的心。

這就是「愛莉絲的餐廳」（Alice's Restaurant）專欄誕生的背景故事。大衛同意用書法寫下專欄內容，並為每個食譜製作版畫，而我向有下廚的朋友蒐集食譜靈感。我會品嘗朋友做的料理，寫下食譜，而後詢問是否可以用在我的專欄上。我會親自試做食譜，看看人們喜不喜歡，如果他們喜歡，我就把食譜收進專欄。我不知道我有沒有充分標記那些食譜的來源——不過，食譜的來源很難判斷，因為每個食譜都很不固定，而且如果你對食譜做一兩個更動，它幾乎就變成你自己

1 譯注：一九六七年的夏天，嬉皮運動正值發展高潮，數十萬人聚居在舊金山，在文化上和政治上對主流社會表達反動立場。嬉皮的「反文化」（counter-culture）運動喚醒全民意識，也讓人們開始對事物及周遭環境提出質疑，追尋「另類」的生活形態與可能性。

俄羅斯牛肉羅宋湯的食譜，來自某人的祖母。

RUSSIAN BEEF BORSCH

Begin the borsch well in advance of serving · either in the morning · or the night before · In a deep eight quart kettle · place a large beef marrow bone · four pounds of beef shin · one tablespoon of salt · & two quarts plus one cup of water · Cover & bring to a boil · then skim the surface · Reduce heat & simmer · covered · for one hour ·

Next · add four medium tomatoes · quartered · one quartered onion or chopped leek · one stalk of chopped celery · three sprigs of parsley · six whole black peppercorns & a bay leaf · Simmer two hours longer and remove from heat · Lift out the beef & set it aside · Remove & discard the marrow bones · Strain the soup & skim off the fat: this should leave about nine cups of liquid · Return soup & beef to the kettle & add 2½ cups of shredded beets · three cups of coarsely shredded red cabbage · 1½ cups of thickly sliced carrots · one cup of chopped onion · two tablespoons of freshly snipped dill · ¼ cup of cider vinegar · two tablespoons of sugar · one teaspoon salt & one large package of "white's" dried boletus mushrooms · Bring to a boil · reduce heat & simmer covered for thirty minutes - or until vegetables are tender · Remove from heat & refrigerate for six to eight hours · Before serving heat gently to boiling & then turn into a large tureen · Top each serving with sour cream & serve with piroshki ·

（Image courtesy of David Goines）

的食譜了。但認識食譜背後的人物、歷史和傳統很重要，要知道它們原先的基礎是什麼。（這就是我認為所有帕尼斯之家的食譜都是共同創作的原因，靈感來自很多不同的廚師。而且，一旦我們那些食譜和世人見面，我認為，它們就屬於每個人——越多人擁有越好。）

我的味覺在法國被喚醒，但專欄不僅限於法國料理。我們出版各種食譜，從最簡單的摩洛哥胡蘿蔔沙拉到某人的俄羅斯祖母的牛肉羅宋湯（borscht）[2]。我沉迷於製作發表在專欄的每一道菜，還有很多其他菜餚。譬如紅酒燉牛肉，我會用牛腱熬真正的牛高湯；或用胡蘿蔔、韭蔥和油醋汁做的生菜沙拉；或蛋黃醬水煮蛋，這是一道非常經典的法國菜，在煮熟的雞蛋上淋大量的手打蛋黃醬。掌握乳化之前，我做了很多失敗的蛋黃醬，最後靠著把半顆生馬鈴薯戳在叉子末端，然後拿它打蛋黃醬，才終於成功了——這招是我從某人的祖母那裡聽來的。這麼做真的有效，很神奇。因此，我在專欄上把這個指令一字不差地寫進蛋黃醬食譜裡：「拿一個寬底碗，用一根戳著半顆馬鈴薯的叉子，平坦的馬鈴薯切面朝外，把兩個蛋黃打勻。」因為我用這個方法是有效的。我真的每次都是這麼製作蛋黃醬——至少在帕尼斯之家開張之前，我都是這麼做的。不可思議吧。

一旦我把食譜調整好，大衛就會立刻用手寫花體字和插圖呈現食譜，無需編輯，接著把完稿送給報社。我無法控制他決定畫什麼——我讓他自由發揮。在呈現某一道食譜時，他選擇畫一座

2譯注：以甜菜為主食材，加入馬鈴薯、胡蘿蔔、菠菜和牛肉等配料熬煮，呈紫紅色。

城堡和一名騎馬的中世紀士兵，而醃漬番茄這道菜肯定和城堡與騎士一點關聯也沒有！但遇到像大衛這樣傑出的藝術家時，你也沒什麼好說的。更何況，他根本沒收費——都是出於愛。最重要的是，那些插圖總是很美，讀者把它們收藏起來欣賞。幾年後，大衛將所有的「愛莉絲的餐廳」專欄文章整理成一本作品集，取名為《三十道適合裱框的食譜》（*Thirty Recipes Suitable for Framing*），書的銷量很好，幫他賺到買下印刷工作室的錢。

大衛每年都會為帕尼斯之家的週年慶製作海報——有時，你無法想像他在想什麼，因為海報的圖像似乎和帕尼斯之家無關。不過，有些時候又真的和帕尼斯之家正相關。誰知道他的天才腦袋到底在想些什麼？但他創作的藝術總是獨一無二。他的作品成為柏克萊的象徵標誌，隨處可見。

．．．

從法國回來後，我意識到也許我嘗到的味道和別人不一樣。柏克萊有一家廚房用品店和書店名為「廚房」（The Kitchen），我很喜歡去逛逛。經營這家店的老闆叫金·奧普頓（Gene Opton），她有草莓金髮，綁辮子，穿著奇怪的農家短衫和阿爾卑斯山傳統女裝工作服，就像從電影《海蒂》（*Heidi*）走出來的人物。金送給我英國飲食作家伊莉莎白·大衛（Elizabeth David）的料理書，那本書就像一縷陽光。她也是在拜訪法國後被徹底改變的法國迷。我對她在法國市場間我的蛋黃醬食譜。

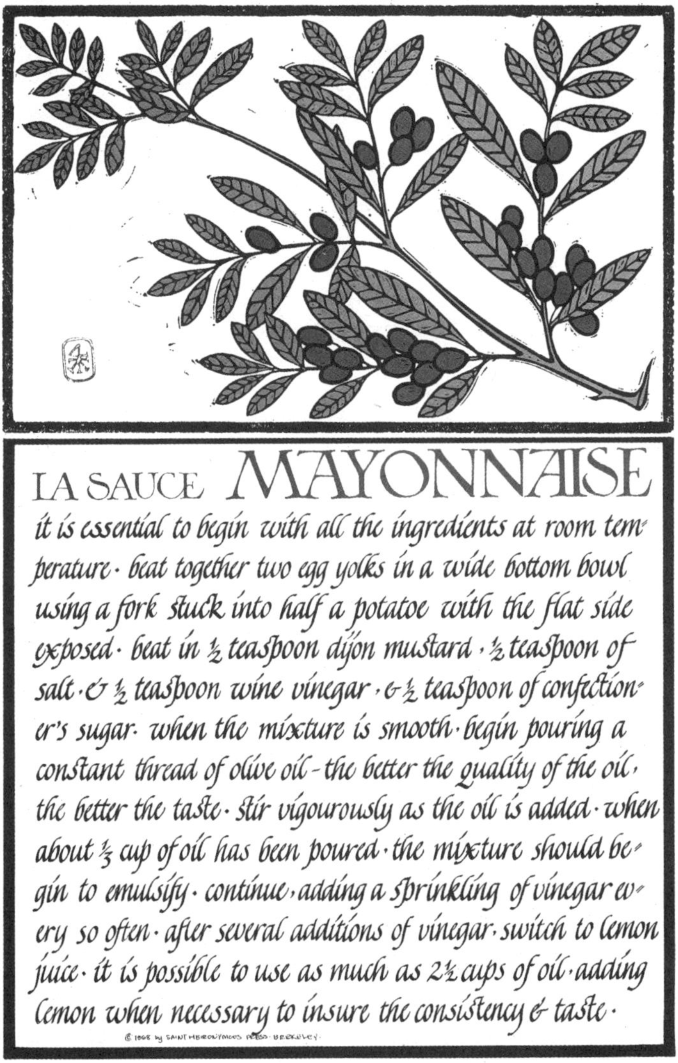
LA SAUCE MAYONNAISE
it is essential to begin with all the ingredients at room tem-
perature · beat together two egg yolks in a wide bottom bowl
using a fork stuck into half a potatoe with the flat side
exposed · beat in ½ teaspoon dijon mustard · ½ teaspoon of
salt · & ½ teaspoon wine vinegar · & ½ teaspoon of confection-
er's sugar · when the mixture is smooth · begin pouring a
constant thread of olive oil - the better the quality of the oil,
the better the taste · stir vigourously as the oil is added · when
about ⅓ cup of oil has been poured · the mixture should be-
gin to emulsify · continue, adding a sprinkling of vinegar ev-
ery so often · after several additions of vinegar · switch to lemon
juice · it is possible to use as much as 2½ cups of oil · adding
lemon when necessary to insure the consistency & taste ·
© 1968 by SAINT HEIRONYMOUS PRESS · BERKELEY ·

（Image courtesy of David Goines）

穿梭，探索蒸淡菜的味道，為羊萵苣沙拉陶醉，感同身受。

我很慶幸向她學烹飪——她能用不受拘束、優雅的散文書寫食物。她把食譜寫成短文，沒有明確的食材數量，例如「放一把這個」或「加一小撮鹽」。她還會寫出「取一朵漂亮的奶油萵苣，稍加調味」這類的話——這就是她的食譜全文了。這代表讀者必須真正在烹飪上動腦：**她是要我這樣做嗎？也許她要我用另一個方式？**她激勵讀者去思考，並且仰賴自己的感官。我讀伊莉莎白．大衛的書，每天都像在和她對話。

有些東西在撰寫食譜的過程中可能會佚失。人們有時會太過專注於抓食材的量，以至於他們沒有在下廚的同時一邊試味道——到頭來，他們沒有信心不看著食譜做飯。我喜歡伊麗莎白．大衛、理察．奧爾尼（Richard Olney）、戴安娜．甘迺迪（Diana Kennedy）和瑪杜爾．賈弗里（Madhur Jaffrey）等偉大的食譜書作家，他們用美妙的文字描述食材原料，然後鼓勵你到農夫市集親身感受這一切。農夫市集才是真正學習烹飪的地方。法國名廚亞朗．杜卡斯（Alain Ducasse）說，百分之八十五的烹飪是採購——甚至可能不止，可能是百分之九十。但這當然不是指去超市購物——而是去農夫市集，或走進你的後院，尋找成熟、美麗、有活力且當令的食材。以下是我最喜歡的食譜：「在八月買一些熟得恰到好處的無花果，把它們擺進盤子裡，然後大快朵頤。」

不——我最喜歡的食譜是這樣的：「去菜園裡，剪一些薄荷，燒水，倒在薄荷上。等待。然後飲用。」這是我最喜歡的食譜。

．．．

我花了無數時間仔細鑽研《拉魯斯美食百科》（*Larousse Gastronomique*），這是我父母在一九六六年送我的耶誕禮物。《拉魯斯美食百科》是按字母順序排列的參考書，一本法國飲食百科全書大作。我會沉浸在各式經典銅鍋類型的圖表裡：炒鍋、煎鍋、小砂鍋、做法式悶雞的橢圓砂鍋、燉鍋、大湯鍋、蒸馬鈴薯鍋、燜鍋、用來做經典的「馬鈴薯安娜」（Pommes Anna）的雙面銅鍋。每個平底鍋都有特定的形狀和特定的用途，我喜歡對這一切資訊瞭若指掌。每當有人來作客、問我有關食物的問題時，我就跑去查這本書，假裝我知道自己在說什麼。我喜歡閱讀描述醬汁的文字，檢查那些令人驚嘆的小版畫，例如蝕刻的凹版印刷活山鷸，那是一種美味的小獵鳥——誰會知道牠長什麼樣子？我對法式料理的烹飪過程很著迷，但這本書也表明，食物不只是關於烹飪；食物是關於地理、歷史、農業、傳統、藝術、人類學——當然還有大自然。這是非常複雜且深刻的事情。烹飪是關於文化，而我對文化充滿好奇心。現在依然如此。

我開始去逛舊金山薩特街（Sutter Street）新開的威廉斯索諾瑪家居用品店（Williams-Sonoma）。我對他們精選的廚具非常感興趣，例如瓜果挖球器和檸檬刨絲器等我以前從未見過的東西。它們是我在店裡唯一買得起的東西！就美學而言，那家店非常棒。他們有真正的法國亞麻布，還有蓋子設計成被烹煮動物的棕色陶罐：鴨肉凍裝在一只綠頭野鴨陶罐裡，裝有鵪鶉肉凍的陶罐上是一隻鵪鶉。山鷸可能做成一個迷你的小陶罐。

一九六〇年代中後期的超市裡全是冷凍食品和罐頭食品——這和法國市場完全相反，而我很快就意識到，可能的話，應該盡量避開。因此，我去柏克萊的消費者合作社購買量販品，或去規模較小的專賣店購買特定食品。如果想吃冷盤熟肉，莎拉和我會去舊金山的「馬瑟和亨利」（Marcel et Henri），這是一家位於太平洋街（Pacific Street）和波爾克街（Polk Street）的法國老店鋪，我們在那裡買肝醬（pâté）和法式臘腸。我也常去奧克蘭的義大利熟食老店，像是「熱那亞熟食店」（Genova Delicatessen），那裡有橄欖油、完整且大塊的新鮮義大利麵包、橄欖（不是那種塞甜椒的綠色橄欖），以及店員從整顆起司輪現切下來的大塊帕瑪森起司。我認識了站在櫃檯後的每個義大利人，他們都是四十五歲、五十歲左右的年長男性。當我走向櫃檯時，他們總是露出一種她又來了的感覺，我對他們店裡的東西非常感興趣，而且有很多疑問。他們會給我試吃一點樣品：「你喜歡那些橄欖嗎？那也試試這些吧！來，吃點麵包棒！」這像是和彼此調情。熟食店總是香氣四溢——我們離開前會買一些三明治，那種裡面夾著各種不同的義大利醃肉和一點義式醋漬蔬菜的三明治。

蒙特利市集（Monterey Market）是柏克萊最棒的蔬菜市集——但即便如此，種類選擇並不多。

我當時購買的農產品僅限於馬鈴薯、胡蘿蔔和香芹，還有蘿蔓萵苣——我會把葉子剝掉，只吃中間較嫩的心。我偶爾能買到令人滿意的小洋蔥；有時也會買肯塔基奇蹟（Kentucky Wonder）這個品種的四季豆，我會把大的豆莢丟掉，假裝我吃的是法式四季豆（haricots verts）。我超愛法式四季豆，就是法國那種細長型的四季豆。我喜歡的是它的質地——四季豆沙拉搭配超多奶油，就要用這種很會吸附調味的纖細豆子才好吃。直到一九七〇年代中期，我有個法國朋友到聖地牙哥郊外的奇諾農場（Chino ranch），寄給我一大箱，我才終於在美國吃到真正的法式四季豆——我簡直不敢相信。

我們在距離家裡一條街的夏塔克大道（Shattuck Avenue）的消費者合作社購買米和葡萄乾和堅果，因為在消費者合作社購買量販的日常必需品是最便宜的。首先你要成為會員——付一筆小錢購買會員卡，有了會員卡才能進去合作社購物。我母親後來用我的名字投資了一間消費者合作社；身為健康食品的信徒，她熱愛那間消費者合作社。那是一間有機的合作者，但農產品總是給人又老又萎靡的感覺，雜亂地堆疊在垃圾桶裡，和法國店舖的陳列方式天差地遠。那些蔬菜並沒有激發我想要烹煮的欲望：垂頭喪氣的萵苣、軟趴趴的胡蘿蔔。此外，店裡的氣味不是太好聞，有點像維他命粉和品質不好的薰香。

雖然我和六〇年代的嬉皮文化共享許多的反主流文化價值觀，我從來不曾和嬉皮文化產生連結，毫無疑問。對食物的立場尤其不同。我其實也沒有嬉皮朋友（除了兩個妹妹蘿拉和蘇珊之外），因為我尋找對食物與文化有不一樣想法的人。我一點也不想碰嬉皮風格的健康飲食料理：各種切碎的蔬菜全部混在一起配義大利麵——加一點筍片，就稱之為中菜。對我而言，那個世界等於不新鮮的、很乾的黑麵包，以及無差別地在沙發或地上盤腿吃飯，毫無任何餐桌禮儀。嬉皮和我之間隔著一條美感的界線，食物方面絕對是如此；我認為他們的方式非常野蠻、非常粗糙。

這很有趣，因為我們來自同樣的反主流文化哲學立場——我們對戰爭、當權者的腐敗和性解放有同樣的看法，但我們朝那個方向前進的方法截然不同。嬉皮文化有時會排斥理智主義。我覺得他們好像在爭取完全脫離社會的自由。「我們在這塊土地上生活吧——讓我們建立起一個公社！」也許他們不是這樣，但那就是嬉皮文化給人的感覺，而那不是我。我認為，改變的辦法是參與社會，而且我相信形式、美和深思熟慮。我和我的朋友們重視一個和「愛之夏」美學不合的歐洲美學。披頭族或嬉皮，只能選一邊——而我比較贊同垮世代的立場，站在智識這一邊。我不曾吸毒，我對這一點很堅持——吸毒感覺就像輟學（不過葡萄酒又是另外一回事了）。我不能輟學，我是社運分子。但我也是個感覺主義者。

公社生活當時是柏克萊反主流文化生活很重要的一部分——我倒是有擁抱公社生活。大衛和《舊金山特快時報》的經營團隊都是好朋友，而且稍微參與了報紙的排版和設計，因此報社職員晚上很常來我們家，圍著我們的大餐桌談論報紙，我會為大家下廚。當時，柏克萊有一套價值觀鼓勵人們以特定的方式生活：和他人共享自行車，開車時順便載人，送他們去他們的目的地。人們總是不請自來，而我們對所有人敞開大門：大衛・馬洛維茲（David Marowitz）、馬文・加爾森（Marvin Garson）、巴布・諾瓦克（Bob Novak）、理察・波洛維茲（Richard Borovitz）。印刷師傅、作家和藝術家，幾乎全是男人。他們當然沒有進到廚房幫我，但我可以隨心所欲地烹煮我想要做的菜，而且我可以看到食物帶給他們的快樂。他們鼓勵了我——他們給我很多讚美，讓我想為他們做更多晚餐。有這麼捧場的食客，你會想要繼續做下去。

大衛的朋友盧奇安諾・戴立亞（Luciano Delia）時不時會邀請我們去他家吃晚餐。他是義大利人，出色的廚師，會不斷進廚房尋找新的食物款待我們，端出蜜餞橙皮和用來自非洲的稀有豆子製成的特殊咖啡之類的東西。當客人到我們家時，我也喜歡這樣做：「噢，讓我給你嘗嘗**這個**。你有吃過**那個**嗎？」我想餵人們吃東西，讓他們保持活力。大衛說我顯然很享受招待朋友的樂趣；每天晚上我都準備一整桌的大餐，而在某個時間點，我心想——**嗯，我真的很喜歡為別人下廚**。當別人喜歡我做的菜，我會感到強烈的滿足。我的反應是：**天哪！我可以做這個！我想再來一遍！**我想過那樣的生活——只不過，為他們下廚弄得我快要破產了。於是我心想，**如果我開一家餐廳，我可以繼續做飯，但他們就得付錢了**。我認為，那是我第一次萌生開一間自己的餐廳的念頭。我知道我能應付晚宴，所以我想像開餐廳就是把規模擴大一倍；與其邀請十個人來我們家吃晚餐，不如接待二十個人來我的餐廳。我們把我的專欄取名為「愛莉絲的餐廳」，所以這想法**肯定早就**在我的腦袋裡了。它還沒有成真——還只是一個想法。為我飢腸轆轆的朋友們下廚是一回事——

無論我煮什麼，飢腸轆轆的他們都吃得很開心。但開一間餐廳則是另一回事。我知道那會是好大的挑戰。

．．．

和大衛同居的時候，我有一陣子曾在「奎斯特」（Quest）當兼職服務生，奎斯特是夏塔克大道上的一間小餐館，夾在大學大道（University Avenue）和赫斯特大道（Hearst Avenue）之間——從日後帕尼斯之家所在的位置再往走一段路就是奎斯特，你說巧不巧。這裡的菜單上只有幾個選擇，廚房裡只有一名廚師。這份工作最棒的地方是老闆會播蕭邦和舒伯特等人的古典樂，所以穿梭在餐桌之間為客人服務時，我感覺自己好像在跳舞。餐廳老闆的個性非常古怪。我不記得應徵這份工作的過程，也不記得自己為什麼選擇那間餐廳，一點記憶都沒有。不過，我需要錢，而那時的我已經累積夠多服務生的工作經驗，足夠讓我覺得自己懂得怎麼當個服務生。我最有印象的，是隨著蕭邦和舒伯特的音樂在餐廳裡轉來轉去。我和音樂合而為一。

我依稀記得廚房裡老闆獨自一人，他自己烹煮所有的食物，可能只請了一個洗碗工幫手——這大概就是我幻想自己單獨經營一個小地方不會太困難的原因。奎斯特在當時是頗有格調的餐館，不然誰會想要聽蕭邦，然後接受選擇有限的菜單？這並非說奎斯特的食物給了我多少啟發——那裡的食物差強人意。餐廳通常提供三道菜的正餐，主菜一般是某種豐盛的燉煮料理，例如紅酒燉牛肉或紅酒燉香雞。但餐點並不精緻——沒有一道菜是現做的，向來都是預先煮好的。前來用餐的客人主要是大學生。

帕尼斯之家剛開業時，到桌邊服務客人是我最喜歡做的事之一。我喜歡接待客人，而且我是很棒的服務生。我喜歡和不同桌的客人談論食物，而且我知道我有辦法說動任何人吃任何東西——我是優秀的銷售員。我精力充沛，熱衷此道，而且手腳敏捷。在帕尼斯之家開業最初幾年，我們的廚師傑芮邁亞・陶爾（Jeremiah Tower）有一次想試做某個燒烤鹽鱈魚的食譜。他在義大利市集買了一些鹽漬鱈魚，但忽略了浸泡的步驟。又或者他稍微浸泡過了——總之絕對沒有充分浸泡！於是他烤了魚後對我說：「愛莉絲，它有點鹹，但就告訴他們配點好喝的紅酒吞下去。」確實有客人抱怨，我愉快地說：「噢，但這道菜本來就該是鹹的！配點紅酒吃吧！」

然後到了晚上，我們意識到它就像肉乾一樣，鹽鱈魚肉乾。但我相信傑芮邁亞是對的——因為他說的時候非常自信。很多時候，只要你真心相信，你在餐廳裡就能夠說服人：「我保證你會喜歡！嘗嘗看！這味道很特別。」如果有人帶著滿滿的信念這樣跟我說，也許我會認為那道菜的味道只是需要慢慢習慣。話又說回來，任何東西只要搭配足夠的紅酒都可以過關。

・・・

大衛最好的朋友查爾斯和琳賽・薛爾（Charles and Lindsey Shere）和我們住在同一條街。查爾斯是地方廣播電臺KPFA的音樂總監。大衛和我常去他們家吃晚餐。琳賽會做千層麵之類的北義菜餚，或是烤雞和沙拉，但她的重頭戲是甜點。（她同意讓我在「愛莉絲的餐廳」專欄介紹她的一款甜點，漂亮的杏桃舒芙蕾；查爾斯有個食譜也登上了專欄，那是一道「胡椒吐司」的食譜——如果它可以算是食譜的話！）

琳賽是義大利人，家中有五姊妹，習慣為家人做飯。她從九歲開始烘焙，十幾歲的時候，有段時間天天為家人張羅三餐。我們最終想到一個愜意的安排：我在我們家做晚餐，飯後散步到查爾斯和琳賽的家吃甜點。我喜歡她做的匈牙利多層蛋糕（Dobos torte）：八層的熱那亞蛋糕，每一層都塗上摩卡奶油糖霜，然後用苦甜巧克力覆蓋整個蛋糕。淋上焦糖的熱那亞蛋糕小切片，呈扇形鋪在蛋糕上，切碎的榛果小心地壓進外層的巧克力糖霜裡。美得令人屏息。那個時候，大衛和查爾斯開始對葡萄酒有點感興趣，我們會喝蘇玳葡萄酒（Sauternes）[3]配多層蛋糕——我就是這樣認識蘇玳葡萄酒的。

琳賽和查爾斯比我大十歲，有三個孩子。我覺得他們真的很懂得生活。他們的小房子擺放好多精心挑選的物件：陶器、藝術品和很多的書。沉浸其中是一種享受。他們的客廳裡有一片一百八十公分高的有機玻璃板（壓克力），那是馬塞爾・杜象（Marcel Duchamp）《新娘甚至被光棍們扒光了衣服》（*The Bride Stripped Bare by Her Bachelors, Even*）的複製品。房子裡到處都是查爾斯的觀念藝術作品。壁爐上方有他的畫作，呈現白色上的白色，我喜歡它在一整天當中的變化；路燈隨著夜色亮起，畫作被照亮，映上外頭樹木的輪廓和陰影。

查爾斯和琳賽比我們更關注當代文化——他們老是去看博物館展覽、現代舞表演和音樂會。相較之下，大衛是個傳統主義者——我們倆都是。大衛在威廉·莫里斯（William Morris）身上找到他存在的理由（raison d'être）——政治的、藝術的，整個人生的意義，威廉·莫里斯是維多利亞時代英格蘭最重要的文化人物之一。那才是大衛的興趣所在，而不是二十世紀的藝術。他和我都對過去抱有浪漫情懷。

查爾斯和琳賽是我最親密的兩個朋友，而且他倆很美——他們看上去就像從法國新浪潮電影走出來的人。大衛和查爾斯下西洋棋時，總是一邊展開深度哲學對話，辯論一些在我看來荒謬的事，例如哪些作家最能表達十八世紀的精神、共產主義和社會主義在歷史上的相對優點、查爾斯的雅馬邑白蘭地（Armagnac）與大衛的莫奈干邑白蘭地（Monnet cognac）的相對優點。他們的對話可以持續好幾個小時，直到我再也受不了，一定得上床睡覺為止。

3譯注：指法國波爾多中蘇玳地區所產的甜白葡萄酒，世界三大貴腐酒產區之一。

查爾斯和琳賽・薛爾，以及他們的女兒喬瓦娜（Giovanna）。

(Photo courtesy of Charles and Lindsey Shere)

有時，我們會在餐桌上談論我假想的餐廳：「在這個社區開這樣的餐廳不是很棒嗎？」只是做做夢，鬧著玩而已。在我的腦中，我覺得琳賽一**定要**來我開的法國小餐廳創作她的甜點。她也大方應允，但從未把這番話當真。

琳賽、查爾斯、大衛和我煞有介事地聽音樂。你不會把巴赫當背景音樂播放，而是打開音響，坐下來，**專心聆聽**巴赫。查爾斯後來成為偉大的音樂評論家和作曲家，並創作非常另類的當代音樂。他經歷仰慕很多前衛作曲家的不同階段：他有段時間仰慕史蒂夫・萊許（Steve Reich），也喜歡安東・魏本（Anton Webern）和莫頓・費爾德曼（Milton Feldman）。他最愛的是約翰・凱吉（John Cage）。老實說，我不曾愛上那種音樂類型——我知道他們都備受推崇，但誠如查爾斯說過的，我甚至不喜歡白遼士！

馬塞爾・杜象和約翰・凱吉是查爾斯的兩大摯愛。琳賽和查爾斯曾有一次在餐廳慶祝他們的某個重要週年紀念日，大衛把邀請函設計成以杜象為主題的即興創作：以簡潔、優雅的線條畫出一個裸女，然後把邀請函的文字寫在陰毛的位置。他們愛不釋手。

查爾斯也是八〇年代中期在餐廳舉行約翰・凱吉晚宴的主要發起人。約翰・凱吉是真菌學愛好者，非常有意識地進食——他堅持大自然長壽飲食，不吃底棲魚類，只吃富含 omega-3 魚油的魚類。因此，我們當時的廚師保羅・貝托利（Paul Bertolli）構思了一份特別的菜單，其中包括美味的蔓越莓豆湯配野生菇類。琳賽和查爾斯當然也是晚宴的座上賓。約翰·凱吉當時七十歲出頭，眼睛睜得大大的，身體虛弱，但他有低沉的嗓子，恬靜自若。他的同居人、舞者兼編舞指導摩斯·康寧漢（Merce Cunningham）和他一起出席。那是一個美妙的夜晚。保羅甚至聯絡洛杉磯愛樂的一位定音鼓演奏家，他寄來一份要以廚房用具演奏的樂譜，由保羅指揮所有廚師，辦了一場小型廚房音樂會，以鍋碗瓢盆、攪拌器和木湯匙進行表演。

・・・

一九六七年十二月四日

親愛的母親、老爸和蘇伊，[4]

我終於把事情告訴艾倫和里奇了……我真的很不喜歡他們人在那裡（越南），我每次寫信都會變得很惹人厭。我還沒有收到里奇的回信，不過他的家人要我放心，他們說他一切都好。我大概猜得到那裡發生了什麼事……

在柏克萊遇到一對法國夫婦後，我去法國的渴望又被點燃了。我們以後會經常共進晚餐，一起說法語。終於！真正的法語家教，我的專屬私人家教。這可能不會有什麼幫助，但那個叫瑪亭的女生，英語口說的程度和我的法語差不多——也就是，一樣爛。

我經常想起我想像中的法國小酒館，那代表我經常想起法國。因為我懷念在那裡的生活，我特別結識了法國朋友。大衛和我認識克勞德和瑪亭．拉布羅（Claude and Martine Labro），是因為瑪亭從事平面藝術，在工作上和大衛有交流。她的先生在柏克萊念研究所，讀應用數學。我們初次見面時，瑪亭完全不會說英語。我們到克勞德和瑪亭家吃了很多次晚餐——感覺就像回到法國。我們也會請他們來家裡作客，然後我會下廚，想要表現給他們看。認識他們讓我確信，一切都是法國的關係——瑪亭對審美非常講究。大衛也為她著迷——帕尼斯之家第一張海報上的紅髮女子，就是以瑪亭為原型。

瑪亭對我的審美有很大的影響。他們家的照明向來美極了，而且她是很棒的古董收藏家。我們從不一起下廚，因為瑪亭做飯有自己的一套規矩，一種非常特定的方式。她是一位藝術家、畫家，很多時候她的畫布就是餐桌——她總想要食物看起來很完美，她想要所有食物都很美味。她

4譯注：Suey，妹妹蘇珊（Susan）的小名。

一頭捲髮的瑪亭・拉布羅。

是典型的餐桌布置狂。她到跳蚤市場搜羅別緻的餐具，例如有缺口的利摩日老瓷器（Limoges），而且會用白色的亞麻大餐巾把大腿整個蓋住，把園圃採摘的玫瑰插進花瓶裡，用她從法國帶來的百年普羅旺斯水罐裝飾餐桌。

瑪亭拓展了我的花卉知識。我從童年開始就對花卉有所了解，我在法國也注意到桌子上的花，但不是特別有意識——我只是心想，那張桌子看起來真漂亮。在巴黎規模龐大的花市附近，春天會賣預先做好的紫羅蘭小花束，我總是會挑一束買，一小束要一法郎，而我也只買得起一束。

但直到我認識瑪亭，花卉才真正成為我居家生活的一部分——花束是居家空間裝飾的必要元素。這等於把大自然帶到餐桌上，是和外在世界的一個聯繫。她會把銀蓮花、陸蓮花、三色堇和藍盆花放到美麗的花瓶裡，然後把她創作的這幅景象畫成靜物畫。瑪亭成長時有一部分時間在勃根地鄉村哲維瑞．香貝丹（Gevrey-Chambertin）度過，另一部分則是在南法的旺斯（Vence）附近度過。在旺斯，當地人用一種名為探戈玫瑰（Tango rose）的玫瑰製作香水。多年後，當瑪亭和克勞德搬回旺斯，市集到處都是探戈玫瑰。她會抱回很多束桃色玫瑰，放在家裡的每個房間。我的床邊總是有一束美麗的芳香花束。

我是否覺得如果某個東西美麗，那它同時也是完美的？我想你可以這麼說。如果我浸淫在美的狂喜之中，對我而言就是很理想的。

瑪亭沒有錢，她和克勞德向來手頭很緊——但她總是能夠無中生有。她知道如何把晚餐變得特別，而不用端一大塊牛排上桌。她會為十個人買一隻雞——換作是我就會買三隻！但她在盤裡擺夠多漂亮的蔬菜和配菜，於是沒有人會留戀雞肉。重質不重量，而且有很多道小點。她總是從頭開始調製，讓餐點變得特別：雞肝醬、橘子果醬、超美味的李子扁餡餅和橘皮蜜餞。瑪亭做的沙拉也很棒。她在自家後院種植萵苣，而且有一座小小的香草園，種著香芹、薄荷和蝦夷蔥；她會到園圃裡採摘、挑揀，仔細清洗萵苣和香草，並用毛巾把它們捲起來乾燥，然後將鯷魚調料淋至生菜上。食材現採的鮮活度把沙拉提昇到另一個境界。

餐廳開業幾年後，附近居民聽說他們可以用菜園裡的水果蔬菜，和我們兌換免費的午餐或晚餐。我從不停止尋找優質食材，加上瑪亭讓我意識到，剛從後院採摘的食材可能是最好的食材。不用說也知道，這是檯面下的交易——衛生部門對此一無所知，而且這肯定是不被允許的。但我們對餐廳包裝東西的方式、存放食物的方式、冷卻高湯的方式都很謹慎，而且我們講究地刷洗廚房裡的木製備餐檯，一天好幾次。我們保持清潔的動力不是衛生稽查員會來餐廳舉證——我們保持清潔是出於自主意志。

交換一事肇始於有人帶了她菜園裡的法國早餐蘿蔔給我們。那些蘿蔔美味極了，我們只用奶油和鹽巴調味。接著，我們開始收到人們後院種的梅爾檸檬（Meyer lemons）。這讓餐廳進入梅爾檸檬冰淇淋和梅爾檸檬含奶雪酪的時代；我們把兩款各挖一球放入碗中，對比兩個略微不同

野餐中的克勞德・拉布羅。

的質地，後來這成為帕尼斯之家最經典的甜點之一。再更後來，拉脫維亞劇作家尤里斯・斯文森（Juris Svendsen）成為我們的首位野生菇類採集者。

有一次，一對德國夫婦在我下廚時走進廚房，帶來滿手的拇指馬鈴薯。「這是德國非常特別的一種馬鈴薯。」他們說。「我們想用它換一頓飯。」

我看了看這堆又長又奇怪又瘦的小東西，它們後來成為我最愛的馬鈴薯。我接下這堆馬鈴薯——怎麼有辦法不接受呢？然後帶這對夫婦入座享用午餐。

⋮

每隔好一段時間，大衛和我會存一筆錢，犒賞自己吃灣區為數不多的法國餐廳——但因為瑪亭做的晚餐實在太美味了，我們經常對餐廳感到大失所望。有一次，克勞德、瑪亭、大衛和我一起去舊金山的法國餐廳「勒皮克街」（Rue Lepic），他們將我們拒於門外，因為克勞德沒有打領帶。克勞德的衣著無懈可擊，但他沒有打領帶——大衛有打領帶，但他看起來像典型的、衣服皺巴巴的柏克萊知識分子。他們不肯讓步：沒領帶，沒桌子。在我們離開的時候，克勞德對餐廳經理喊道：「你難道不知道勒皮克街是一條妓女街嗎？」他們氣得火冒三丈。

瑪亭節儉得不可思議。她每週都上跳蚤市場，我也開始跟著去。我無法分辨好壞，但她會帶回便宜到不行的寶物：繡花押字的亞麻餐巾、小鹽罐、古舊的雕刻銀勺、花瓶。我會和她與她時髦的朋友傑姬・韋斯特（Jacqui West）一起去，然後她們兩個就會在市場搜羅出很棒的東西；有一段時期，她們專注地收集十九、二十世紀之交的舊拼布被。我曾經挖寶挖到一床十美元的拼布被，她們對我刮目相看，但她們才是真正有眼光和耐心的人——我則是兩者都欠缺。

傑姬和瑪亭也尋找古著，因為它們不傷荷包，而且比新衣服漂亮得多。這些衣服的風格非常二〇年代——低腰、優雅，還有細小的珠飾。瑪亭和傑姬引領我體會到這些衣服和織品的特別之處。她們讓我注意到，一件精心刺繡的復古亞麻床單是不可思議的手工藝。很多時候，我們看著衣服，卻看不見製作它的人。可是，我的天啊，為一件衣服刺繡或製作一床拼布被，可能要花費某個人好幾年的光陰。

當你欣賞的人把你的注意力導引到某件事上，然後你突然真正看懂了，那真是很棒的體驗。有時，我們需要一個有品味的朋友，幫助我們看到某些東西的價值和美。這就是瑪亭（還有傑姬）帶給我的影響。

帕尼斯之家開幕後，我去奧克蘭的「怪誕市集」（Bizarre Bazaar）買衣服，那裡賣的都是古著。在那段令人興奮的歲月，我買衣服呼應任何晚餐菜單！我有黑松露連身裙和牡蠣連身裙。我會走進怪誕市集，說「我們餐廳今天的晚餐是某某菜色」，接著老闆凱倫（Karen）就會拿出所有東西：鞋子、錢包、耳環、項鍊、帽子，全身上下一整套。這些衣服總是在解體的邊緣，因為衣服的料子是絲綢，很脆弱，而且很舊了，但我把它們當制服穿——我真的穿著它們工作。

不久後，傑姬在帕尼斯之家隔壁開了一間服飾店；她很喜歡帕尼斯之家，而且決心要幫我打扮。她的店名叫 La De Da，非常簡單，有很多散發法式氣息的全棉質日常服裝，衣服有很多條紋圖案。她也賣中式拖鞋，我從那時起就一直穿到現在。有一次，她讓瑪亭穿一件深紫色和深橙色條紋的合身連身裙，長及腳踝——瑪亭總是穿那套衣服下廚，搭配木屐，一頭赤褐色的捲髮，看起來明豔動人。我們是第一批被傑姬打扮的人；後來她搬到洛杉磯，成為知名的電影服裝設計師，現在她為蒂妲．史雲頓（Tilda Swinton）和李奧納多．狄卡皮歐（Leonardo DiCaprio）挑選皮草。

．．．

瑪亭會把事情忠實地告訴我；她會對我的行為或烹飪方式提出批評，我會聽她對我的指教，然後說：「好吧，你說得對。」她會指出我沒有耐心，不想花時間把事情做得徹底——她會說，我沒有把生菜仔細洗好，或者我把她種的所有生菜都摘了、破壞菜園的外觀，或是我不注重善後清理。我既浪費又沒耐心。瑪亭的態度非常絕對——充滿愛意，但絕對：「愛莉絲，你買了太多肉。我們永遠不會吃這麼多。」或「你要**這樣**切餡餅」。或「雞要用**這個**餐盤盛裝」。話中從來不帶一絲遲疑，只是表達事情就要**這樣**做。這種批評會喚醒你。當你的工作受到批評，無論是組合餡餅還是幫羊腿去骨，不要覺得那是針對自己。如果覺得被冒犯，就不可能與人展開良好的對話。

如果我真心喜歡並欽佩在餐廳裡和我一起共事的人，說出「哇！這不太正確，對吧？」並不困難，而他們通常會說：「對，這可能是錯的。」很偶爾會遇到抵抗，然後我就得說：「我認為這是不對的，沒什麼好辯駁的。」但這種情況現在很少發生了。我希望每個人都能覺得我是有用的評論者，因為我是餐廳的創始元老，而且我見證餐廳經歷很多的變化。我不斷學習有關食物的知識，而且時時刻刻都置身在餐廳的世界。我也經常在自家餐廳的用餐區服務。因為我在餐廳的外場和內場都工作過，所以我很清楚自己要什麼。我認為一個餐廳老闆既有內場又有外場的經驗是很罕見的。

當餐廳的人不徵詢我的意見時，我會感到不安。我開玩笑說，我自認是智多星！有時，我認為人們不想問我，是因為我會非常地絕對，或是專橫，但這些年來我漸漸學會對廚房裡的人更客氣和更體諒，希望如此。這是我從父親那裡學來的——你必須先告訴別人他們做的事的優點，再告訴他們需要怎麼改進。

我從來沒有如我所希望地擁抱批評——儘管我盡量虛心受教。忠言逆耳。但很多時候，我收到的批評對我有所幫助，甚至拯救了我。我第一次去紐約下廚是在一九七九年，當時我受邀參加

「綠苑酒廊」（Tavern on the Green）舉辦的一場大型活動，有兩位來自美國和兩位來自法國的年輕廚師要登臺亮相。我在那裡認識了保羅．普呂多姆（Paul Prudhomme），他就是另一位美國廚師。那時的保羅正在撰寫烹飪書，並經營他著名的紐奧良餐廳「K保羅的路易斯安那廚房」（K-Paul's Louisiana Kitchen）。他人超好——快活的大漢，非常親切。我吃了他準備的餐點，他端出我這輩子吃過數一數二特別的一道甜點。他用巧克力為每個人做出一個完美的卡津[5]小屋（cajun cottage）複製品，小前廊和其他細節一應俱全。侍者端來一碗溫熱的英式蛋奶醬（crème anglaise），倒在屋頂上。巧克力屋融化，美妙的草莓從小屋裡滾了出來。那些是路易斯安那草莓，形狀非常特別，比一般的草莓更小、更長。嚐起來幾乎就像法國的野草莓。這是一道驚奇連連的料理。

隔天是我們做午餐的日子：我的副主廚是尚—皮耶．穆勒，他後來成為帕尼斯之家的樓下主廚。只有我們兩個——他和我在復活節週日橫跨美國東西部，托運了一整隻羔羊。我還帶了一箱仍種在泥土裡的萵苣（那是我的隨身行李），因為我想等到出餐前的最後一刻再挑菜。

那天早上八點，我們走進綠苑酒廊，我帶著還長在土裡的萵苣，尚—皮耶肩上扛著一整隻有待宰殺的羔羊。起初，我沒有想到尚—皮耶和我需要幫助。我倆即將為一百個人下廚，但我莫名地認為我們兩個人就可以做到！

那個廚房讓我們覺得自己很渺小。我不敢把任何東西放進冰箱——我確信我的食物會從冰箱裡消失。擴音器裡有人說話：「三號房間二號桌，接聽！」就像空中交通管制員一樣。廚房裡有直徑一百二十公分的不銹鋼沙拉旋轉器，這是一款電動裝置，只要按下按鈕，機器就會旋轉並沖洗所有生菜。我肯定它會壓爛我帶來的所有嫩葉生菜。

保羅．普呂多姆來探望我們，非常體貼地問道：「愛莉絲，你需要幫忙嗎？」

我回了「噢，不，我們可以」之類的話。

「嗯，我有點擔心你，愛莉絲，」他說，「你的時間可能會不夠。你今天要做什麼？」

「我們正在開半殼生蠔，」我說，「然後我們還要做整顆烤蒜球、炙燒羔羊和甜點。」我想要說得很有說服力，好像我很清楚自己在做什麼的樣子。

接著，保羅就開始控臺，對他的十七人廚師團隊吆喝下令：「兩個人開生蠔！兩個人到露臺生火！其他人可以幫忙尚—皮耶替羔羊去骨！」

我心想，什麼？我們還沒準備好！我覺得自己像個傻瓜——我們就只有兩個廚師披掛上陣，而他帶了十七個人來準備餐點。但我很慶幸有聽他的話，放下自尊心接受他的幫助。直到今天，我對他仍充滿感激。他拯救了我們，而且我從中獲益匪淺——我感覺就像個鄉下孩子。尚—皮耶

5 譯注：指從加拿大法國殖民地阿卡迪亞（Acadia）流亡到美國路易斯安那州的法裔加拿大人的後代。

對參與這種活動非常了解，但我對於在別人的廚房裡準備盛宴毫無經驗。然後保羅出現，把一切安排好。最精采的是，儘管我們和名氣非常響亮的法國廚師一起製作餐點，但隔天《紐約時報》只談論我們兩個美國廚師創作的料理。這些年來，我寫了很多封情書給保羅——他是深情的人，我真的很想念他。[6]

6 釋注：保羅．普呂多姆已於二〇一五年逝世。

09

做中學

義大利一千里拉紙幣上的瑪麗亞・蒙特梭利，
是她的教育哲學啟發了我。

（Alistair Laming/Alamy Stock Photo）

Learning by Doing

我姊姊艾倫的朋友芭巴·卡利茲（Barb Carlitz）是蒙特梭利老師，一九六七年我從柏克萊畢業後，她跟我提起了蒙特梭利。和世上大部分的人一樣，我不知道畢業後要做什麼。為了養活自己，我在奎斯特餐廳當服務生，也曾在大衛的店隔壁的魔鬼出版社（Diablo Press）工作過一段時間，負責盤點和出貨。我喜歡在家下廚，也正在和大衛合作「愛莉絲的餐廳」專欄。我幻想開一間法式小酒館，但在那個時候，我不曾覺得那是可行的糊口之道。

因此，與此同時，我也開始探索蒙特梭利的世界。我被蒙特梭利的哲學吸引；它讓我想起小學三年級，米德夫人成效卓著的教學，以及我多麼喜歡她體貼、強調實作的教學方法。我從來不會抽象思考，而蒙特梭利強調透過你的感官來學習，做中學；舉例來說，當學生在算數時，他們會擺出一些漂亮的積木，這樣學生可以親眼看到並感受他們在計算的內容。這種教學方法完全打中了我。蒙特梭利的所有教具都很美——材質是實木和玻璃，在荷蘭製造。

我對蒙特梭利最有感的一點是，有很多需要用到食物的遊戲——例如，遊戲中有氣味罐，你必須把氣味和食物、香草或香料配對。或者，你把手伸進裝著真的水果或蔬菜的袋子，試著根據摸起來的觸感猜它是什麼。他們也有味覺的練習——你會嘗到酸的東西，然後必須辨識它是檸檬。蒙特梭利教育就像一場學校改革運動——透過感官學習也是反主流文化的理念。像是讓改變得以實現的方式，充滿希望。

距離我住的街區不遠的弗朗西斯科街（Francisco Street）有一所蒙特梭利學校，我以實習生的身分開始在那裡幫忙。經過大約一年斷斷續續的實習後，我認為我應該接受正式培訓，於是向倫敦的國際蒙特梭利培訓學校申請為期九個月的認證課程。一旦通過認證，我就能在世界任何地方開設蒙特梭利學校。我成功被錄取受訓。

一九六八年十月的倫敦行是一個重大的決定——我都不知道我怎麼做出其中一些決定的！但我和父母談這件事，也和大衛討論，然後踏出了這一步。我想我正在尋找返回歐洲的途徑，而且大衛告訴我，等我安頓下來後，他會到倫敦和我會合，並在英國多待幾個月。蒙特梭利教師課程在倫敦市中心北邊約半小時車程外的漢普斯特德（Hampstead）舉行，學生來自世界各地，女性比男性多。

當我重讀從漢普斯特德寄給母親的信，感覺我在那裡真的很忙碌。要做的事並不困難，但非常複雜繁瑣且耗時。我們必須學習益智拼圖，從非常簡單到非常複雜的都要學，譬如把世界地圖拼起來。我必須製作一本葉子的剪貼簿，識別每片葉子，沿葉子的外緣描繪，藉此認識漢普斯特德當地的所有樹木。我也必須在那本子上用花體字寫書法——蒙特梭利也重視手寫字，而我很喜歡在我的剪貼簿上寫字裝飾。

我在書法方面已經有優勢，因為大衛一直在教我寫花體字；他認為我寫的字很漂亮（不過，他的看法絕對是偏心的）。不知道對各位有沒有參考價值，但我還小的時候，人們總是認為我寫得一手好字。我確實認為如果一個人字寫得好，人們會注意到——在這個國家，寫字是一門失落的藝術，沒有人懂得如何把字寫好。手寫草書需要時間練習——誠如瑪麗亞・蒙特梭利（Maria Montessori）所言，手是頭腦的工具。沒有墨水筆也可以寫書法——如果有心，甚至可以用原子筆寫，但你必須不斷地練習才能寫得好。我會在橫線紙上一直寫A，以便每次都能抓對正確的比例。噢對了——有一回，我看到完美的書法字，嘗試提筆臨摹，我感覺自己這些年來寫字的方式非常粗糙。直到今天，我真的很喜歡看到我們辦公室的人寫書法——我希望每個人都能理解我的痴迷。我認為，從一個人寫信給他人的方式，就能看出他有多關心對方。

瑪麗亞・蒙特梭利最初接受的是醫學訓練，研究兒童動作技能的發展，設計輔具幫助微調這些技能。蒙特梭利學校致力於提供全人教育——我非常贊同。瑪麗亞・蒙特梭利經常說，零到六歲對孩子是重要的養成階段。她把這段時間分成兩個階段，零到三歲和三到六歲。零到三歲，孩子們像小海綿般不斷地吸收，然後從三到六歲，他們開始使用習得的技能。瑪麗亞・蒙特梭利認為教育和《神曲》（*The Divine Comedy*）之間有相似之處。從一無所知的地獄開始，然後維吉爾（Virgil），你的老師，帶領你穿越煉獄。一旦升上天堂，踏進知的世界，你就不再需要老師的指引了。瑪麗亞・蒙特梭利說，當所有感官受到培養並獲得力量，每個孩子都會發現他或她能做到一些令人驚豔的事情；找到那項長才後，他們便進入**天堂**了。每個孩子都有他們能夠貢獻的能力。自從餐廳開業以來，我每天都在想——在某個位子上不稱職的人，在另一個位子上可能非常出色。他或她只是還沒找到屬於他們的天職而已。

以誘人的方式布置教室是蒙特梭利方法很重要的一環。我愛這個概念。這麼做是為了把教室變得**很有**吸引力，讓孩子們一進教室就想要探索。這就是為什麼要有漂亮的教具，在花瓶裡插花，總是悉心保養小椅子和小桌子，一磨損就重新粉刷。孩子們幫忙清理和修理東西，藉機觀察事物背後的用途。蒙特梭利教育學很重視讓物品看起來和感覺起來都很美麗。這麼做表示你在乎。後來，我希望人們踏進帕尼斯之家就覺得難以抗拒，其實是同樣的道理——我想喚醒他們所有的感官，**尤其**希望餐廳聞起來很香。我希望餐廳有著迷迭香、烤麵包、柴燒窯的香氣——香氣是碰觸人們潛意識的方式。

一九九五年，我們在柏克萊的馬丁路德金恩中學建造「學校菜園計畫」（Edible Schoolyard）的廚房（一個廚房教室）時，很有意識地挑選空間裡的所有物品——就像瑪麗亞．蒙特梭利，還有瑪亭和伊娜姨婆的居家布置。我們分到一棟那種低矮無趣的移動式建築，於是我們首先拆除了所有隔間，盡可能把它變成一個自然光充足的大空間。接著我們找來藝術家參與設計。舊金山藝術家兼設計師巴迪．羅茲（Buddy Rhodes）製作了拋光的灰綠色混凝土檯面，我們把它架在漂亮的堅固木頭支柱上變成大工作臺。我們製作收納架一目暸然的櫥櫃：研缽和研杵、成堆的盤子、玻璃杯、水壺。揭幕之前，我們舉辦了廚房啟用派對，要求每個人都為廚房帶點木製的東西。不用說，我們得到很多砧板和木勺，但我們也得到一個來自泰國的巨大木製研缽和研杵，這是某人的傳家寶。它至今仍是廚房裡的珍貴財產。

我們確保桌上總是有鮮花，所有的刀具和廚房用具都整齊地收納在木箱裡。我們總是把當令蔬果美美地擺放在入口處附近的一個地方，幾乎像個祭壇。我希望這裡成為孩子們踏進來那一刻起就愛上的空間。事實上，學生們經常在傍晚的時候回來做作業，或是彈奏我們放在角落的舊鋼琴。當孩子們走進這個空間，他們立刻知道有一些特別又美麗的東西在等著他們。你什麼也不用說，他們立刻就知道了，而且他們知道自己是被愛的。這就是為什麼在學校菜園，我們都說，美是關心的語言。

· · ·

初抵達漢普斯特德時，我穿梭在街坊裡四處尋找住宿。我看到一棟有角樓的可愛老磚房。我走到門口，門邊掛著一塊牌子，上面寫著：**萬達太太的女孩之家**。我敲了敲門，問那位女士是否還有空房出租。當她說，不，已經客滿時，我感到大受打擊。

「我想住在那個角樓裡！」我告訴她。它讓我想起大衛家裡的角樓，我想他來訪的時候一定會喜歡的。

「沒有人住在角樓裡，」她說，「但我不想把它出租，因為那裡沒有任何暖氣。」我告訴她沒關係，無論如何我都想要那個角樓，於是她帶我參觀角樓，接著我便以大概每週七英鎊的價格承租下來。角樓裡有一間迷你臥室，一間小起居室，還有我這輩子見過最小的廚房。我差點就沒辦法擠進去。廚房裡有一個小小的搪瓷爐灶——只有兩個爐口和一個烤爐，沒有正規的烤箱，此外還有一個水槽。

但我向來喜歡接受挑戰，所以我常會邀請一些人來晚餐，做很多法式料理，通常出自伊麗莎白・大衛的書——我做蒸淡菜，而且成功用那個小烤爐做出還算不錯的餡餅，雖然我不確定究竟是怎麼做到的。那年整個冬季都非常冷，走到哪都必須把電暖爐帶上，投幣讓它運作。但在廚房做飯時，房間會變暖，窗戶起霧，直到凝結的水珠從窗格上滴落。

我**愛**淡菜：以前在法國和英國時，我常吃大量的淡菜，用少許白葡萄酒、奶油和大蒜蒸熟。我回到加州後也吃淡菜，但十五年後，大概在一九九〇年代中期，我做了一次不好吃的淡菜——不到難吃，只是走味了。一陣子後，又發生同樣的事。然後又一次。第四次發生時，我說：「不行，我不能再做淡菜了，它們太難以預測。」真是不幸，因為我真的好愛淡菜。帕尼斯之家大概十年前開始停止使用淡菜，因為只要有一個品質不好的淡菜就會毀掉整鍋淡菜。我也差不多要和蛤蠣說再見了。

我確信吃到品質不好的淡菜的可能性正在增加——蛤蜊、淡菜、蝦和牡蠣過濾著水裡的汙染，而海洋正在改變。你必須非常小心。而且很多人都有過敏。我認為這些問題全都是一體的。有些公司捕蝦的地方令人震驚。不久前，我和我的朋友巴伯（Bob）和托尼（Tony）在撒丁尼亞島吃了許多年沒有盡情享用的淡菜——我覺得水質乾淨，而且淡菜就來自博薩（Bosa）的海岸，我們吃的是當天撈上岸的淡菜。但整體來說，我很擔心——尤其是站在經營餐廳的角度，我絕不想冒這個風險。

．．．

在漢普斯特德的那個冬天**有夠冷**，我會站得**非常靠近**按分鐘付費的電暖器。某天晚上，我睡衣的後背整個著火，那是聚酯纖維的布料。它瞬間燒了起來，燒個精光——前一秒還在那裡，下一秒就不見了。萬達太太的角樓差點就不保了。

．．．

我在倫敦吃很多印度菜，因為價格實惠。我姊姊艾倫的朋友芭芭・卡利茲和她的丈夫麥克（Michael）住在肯辛頓（Kensington）的博爾頓花園（Bolton Garden），他們家附近有一間印度餐廳「印度之星」（Star of India），我們經常去那裡用餐。我愛上撒了炸洋蔥酥的印度香飯、印度香料優格（raita），以及北印喀什米爾羊肉咖哩（rogan josh）。我會點一杯「皮姆之杯」調酒（Pimm's Cup）配這些菜——為各位送上其中的英國殖民色彩。在學校的時候，我每天去附近的印度餐館吃一份附有蝦和菠菜的咖哩當午餐。

我最近和友人伊尼戈（Inigo）回到漢普斯特德，想知道那間餐廳是否還在——我簡直不敢相信，我清楚記得去那裡要走哪條路：林德赫斯特街（Lyndhurst Terrace）。我找到我住過的角樓磚屋，接著我們開始在附近的街上尋找印度餐廳。我們找到一間看起來不太熟悉的印度餐廳，但它掛著一個橫布條，上面寫著**開業超過五十年**！我推想這一定是我的餐廳。我們走進門，是餐廳裡唯一一組客人。我仍然認不出任何東西，但他們以同樣殷勤的待客之道為我們服務：把熱騰騰的菜端上桌，取下小蓋子，呈現香氣四溢的菜餚，餐巾摺得非常漂亮。服務講究，儘管只是一間簡單樸素的小館子。

帕尼斯之家開幕不久後，我去金・奧普頓家上瑪杜爾・賈弗里開的課。瑪杜爾剛出版她的第一本書《印度料理邀請函》（*An Invitation to Indian Cooking*），她製作印度脆球（puri）——全麥的小麵餅，擀薄後，放入熱油中，然後它們就會膨脹成輕薄的小氣球，就像施展魔法一樣。脆球魔法令我嘖嘖稱奇。回到家後，我立刻依樣畫葫蘆地製作脆球。她還教我們如何煮米飯——用蒸的，淋上番紅花，然後放進烤箱裡烘烤。那可能是我第一次真正面對米飯的經驗——在那之前，我不知道怎麼煮米飯。小時候，我們家不常吃米飯——頂多偶爾煮班叔叔牌的即食米。但這種印度風味，長粒香米的口感和番紅花配米飯的香氣，實在非常特別。我用這個方式煮米飯煮了好多年。

我一輩子都和印度美食分不開——感謝有瑪杜爾·賈弗里和妮洛法·伊卡波里·金恩（Niloufer Ichaporia King）這些不同凡響的老師教導我，啟發我。我很愛印度料理的香氣：爐子上嘶嘶作響的香料、熱氣蒸騰的印度香米、柴火和坦都里泥窯烤爐的味道。我喜歡辛辣的東西和冷食搭配，例如印度香料優格，也喜歡有各式各樣的小菜，可以品嘗到印度酸辣醬（chutney）之類的甜味，或泡菜之類的酸味。你可以根據自己的個人口味調整所有風味。印度菜的外觀也很美，是我很喜歡的色調：栗紅色、橙黃色、大地色系。印度料理是我的療癒美食，我認為這一切可以追溯到英國，以及獨自一人在那時舒服自在的感受。這就是我現在去柏克萊家裡附近、轉角的印度餐廳的感受——我會一個人去用餐，而他們總是會照顧我，端出我愛不釋口的菜餚：全麥脆球、坦都里雞肉，以及最美味的扁豆湯。

…

一九六八年的倫敦令人興奮；和柏克萊一樣，倫敦正在經歷一次文化轉變。安東尼奧尼（Michelangelo Antonioni）的《春光乍現》（*Blow-Up*）兩年前上映，音樂和時尚每隔兩分鐘就會改變：摩斯族（mods）、搖滾客（rockers），全都來。碧芭（Biba）是當時倫敦女性時尚的**勝地**；那裡有迷你裙和新藝術風格印花的連身裙，模特兒崔姬（Twiggy）會穿的風格，每當存夠錢的時候，我會偷偷溜到那裡買超短裙。買完衣服後，我喜歡到巴羅街（Barrow Street）的異國料理餐廳吃飯——那裡有一間希臘餐廳，我們會站在小小的吧檯前吃串烤。

倫敦還有另一個美味的往事：路爾斯餐廳（Rules）的黑醋栗冰淇淋和法式香煎鰈魚（Sole Véronique）時光。我以前從未嘗過像多佛鰈魚這樣的東西。在路爾斯，他們料理整條鰈魚，佐白酒奶油醬和去皮綠葡萄。我不知道我怎麼存得到錢來吃這道菜——我可能是拜託了我父母。倫敦這些餐廳的每一樣食材都讓我備感親切：魚、淡菜、半殼牡蠣，全部令人驚嘆。它們讓我想起了法國，我對此又驚又喜。

我常在哈洛德百貨（Harrods）的美食區閒逛；那裡的東西對我來說太貴了，但我是去用看的。他們有我喜歡的所有法國起司，秋天的時候，天花板吊掛著野味，絕美的瓷磚牆呈現野雞的裝飾場景——我對一切都印象深刻。我也很常光顧伊莉莎白．大衛在史隆廣場（Sloane Square）附近的匹黎可（Pimlico）開設的廚房用具店。我到那裡大概要花一個小時，因為我住在很北邊的地方。伊莉莎白．大衛通常都在店裡，但我太害羞了，根本不敢自我介紹。她非常優雅，不常與人交談

——在櫃檯後面，頭髮向後梳，穿白色襯衫和棕褐色毛衣，專心地分類和整理她的東西。我不想打斷她的專注。她很忙。她布置漂亮的櫥窗展示——白色法式陶罐和焗烤盤、玻璃醒酒器、高腳蛋糕架、研缽和研杵、多角玻璃罐裝的紅醋栗巴勒迪克果醬（Bar-le-Duc preserves）塔。她的店有一間小地下室，地板上堆滿了一落落的餐具，譬如用來做庫斯庫斯（couscous）的棕色陶罐。一切都經過精心挑選，所有的桌巾和刀具。我會買一些小東西，像是挖球器和巴勒迪克果醬，或者我會拿她寫的關於醃製或製作果醬的小冊子。但我就是膽怯地不敢找她攀談。

我從來沒想過我會遇到伊麗莎白．大衛，但她後來確實和《美食》雜誌（*Gourmet*）的作家傑拉德．亞瑟（Gerald Asher）一起來到帕尼斯之家。我們在餐廳為她準備了一頓特別的晚餐，但我心心念念的是為她張羅野餐：她和傑拉德正要前往優勝美地國家公園（Yosemite National Park），於是我自願為她準備一個野餐籃，讓她帶去當午餐。我去了我最愛的古董店，添購我知道她會欣賞的早期美國玻璃杯和餐具，一些我可以想像擺在她店裡的東西：兩只沉甸甸的老式葡萄酒杯、復古亞麻布，還有一張給他們兩個人坐的拼布被。我花了太多錢，而且野餐籃很重——尤其又放了兩瓶酒！他們以為我是要為他們準備袋裝午餐，殊不知得到的是巨大野餐籃。但我想讓她覺得這真的是來自加州的野餐籃。他們很喜歡，她把所有的玻璃杯和亞麻布都帶回了英國。

⋯

我從倫敦寄明信片給琳賽和查爾斯，和他們分享我去過的音樂會、藝術展覽，以及我冷颼颼但非常浪漫的小角樓。我也寄信給我的父母和姊妹們，這些信的內容比較冗長、比較混亂，而且通常包含金援的請求。但我在寫給琳賽和查爾斯的明信片上投入很多心思；我想好好記錄我知道他們會感興趣的所有景點，並挑選他們會喜歡的明信片圖案。

我一直都很喜歡明信片，無論是當寄件人或收件人。我真心相信，一張對的圖片便說明了一切。而且好處是背面不用寫太多字！我覺得我可以稍微寫幾行字，然後把我無法表達的一切留給正面的圖片傳遞。我有好幾箱多年來蒐集的明信片——我到每個地方都買明信片寄，但回家時身上總有沒用完的明信片。即使在旅行時下榻的地方，我也會把買來的明信片放在飯店房間的架子上，放在需要一點暫時的裝飾和美化的地方。這是把房間變美的省錢妙招。

⋯

我到英國不久後，我的友人強恩・科特（Jon Cott）登門拜訪；我偷偷迷戀著他。他是《滾石》

雜誌（*Rolling Stone*）的作家，我在柏克萊時透過查爾斯和琳賽認識了他，他也是才華橫溢的人，會寫詩和創作音樂，有黑眼睛、捲頭髮，散發著迷人魅力和吸引力。他採訪過地球上一些了不起的人物。強恩寄了一張明信片跟我說，他要到倫敦和約翰．藍儂碰頭，為《滾石》雜誌做採訪。他問我想不想和他倆共進晚餐。我對於可能要和這兩個人坐在一起感到非常地不知所措，所以我說，不了，謝謝。不用說也知道，我後悔當初說了不。

那年假期將近時，大衛來英國住了幾個月。萬達太太規定晚上十一點後禁止男性留宿，因此儘管我費盡心思，大衛還是沒能住到我的角樓——他和我試圖找另一個地方同住，但沒有找到，於是他最後獨自落腳在漢普斯特德附近的住宿。大衛敬佩英國的藝術、文學和文化，想要參觀他心目中所有的基石，像是大英博物館裡的泥金裝飾手抄本和古籍書店，然後我們一起去了泰晤士河畔的威廉．莫里斯美術館。我們都崇拜威廉．莫里斯：「藝術必須從家裡開始。房裡不要有任何你不認為實用或漂亮的東西。」我最近再度回訪美術館。我第一次造訪時看到的，只是莫里斯漂亮的壁紙和他令人驚嘆的設計；這一次，我看到的全是他的政治觀點——威廉．莫里斯是英國早期社會主義運動極具影響力的人物。

大衛和我沉浸在英格蘭的世界，但那不代表我們對美國最新的政治發展渾然不覺。不可能不去理會。越南的情勢越來越糟。戰爭似乎牽連越來越廣，在東南亞造成越來越多的破壞，威脅要帶走我們的朋友——威脅要帶走大衛。

一九六八年十二月，

親愛的母親、老爸、蘿拉、艾倫、鮑伯和小大衛（我把所有人都列出來，只寫一封信，是可以的嗎？）

先說另一個算是災難的消息——大衛剛被軍隊評等為1A級，他們駁回了他出境的許可。意思是，他有六十天的時間可以上訴，他剛剛正透過柏克萊的律師這麼做了。他幾乎確定很快就會被徵召。我們正在等待律師的答覆，所以我們先不悲觀。天哪，如果他必須回國或無法延長簽證，就太糟了……

我對婚禮感到越來越緊張，但又很興奮。這似乎是很重大的決定，好像不該這麼倉促進行。大家是不是也這樣覺得呢？我等不及要見到你了，母親。

…

我在倫敦時差點就和大衛結婚。在我離開柏克萊之前，我們已經算是訂婚了——我們同居，訂婚似乎是理所當然的下一步。我們隨興地決定在耶誕節後的一月七日、也就是伊娜姨婆生日當天在英國結婚。雙方的父母都會來參加。但就在結婚日的前幾週，我們改變了心意——甚至是在我到碧芭買了一件淡紫色絲綢長禮服當婚紗之後。結婚是合乎邏輯的下一步，因為我們確實非常在乎彼此。但真的走到那個關卡的面前時，我們都意識到，感覺不對勁。我們能夠察覺到我們之間的愛不足以步入婚姻。

後來，我們去了一趟計畫不周的巴黎之旅。儘管我們在一起那麼久，我以為大衛會愛法國——因為我愛法國勝過世上任何地方。但他並不愛。他完全不會說法語，整趟旅行都很痛苦——我也是。他只想回到自己熟悉的地方。那次旅行讓我感到沮喪——我想，有一部分是因為我終於意識到我們之間有一些深刻的差異（不只是因為他不喜歡法國）。不久後，他就回美國了——謝天謝地，他最終沒有被徵召。這是一次淚如雨下的道別。

我悲痛不已，但也鬆了一口氣，因為我們都覺得這是正確的決定。畢竟，結婚對象是你想要共度餘生的人。我總是衝動行事，我想這就是我們一路走到差點結婚的原因——「我們結婚吧！我去碧芭買婚紗！」諸如此類的衝動。大衛本身並不是個衝動的人，因此我認為這場婚禮取消的責任在我，如果可以稱之為責任的話。我十個月後才回柏克萊，讓傷口有時間癒合。我們確實彼此相愛，但我們無法共度一生。

分手後，我讀終極浪漫主義者約翰・濟慈（John Keats）的作品，在自己的傷口上撒鹽。那時我也大量閱讀維吉尼亞・吳爾芙（Virginia Woolf）和薇塔・薩克維爾—威斯特（Vita Sackville-

West）——我非常熱衷布魯姆斯伯里藝文圈（Bloomsbury circle）和英國的浪漫主義。我背下我最喜歡的濟慈詩作〈秋頌〉（Ode to Autumn）——感覺就像我在漢普斯特德那個秋天的經歷，一字不差：

多霧而甜果豐收的時令，
是成熟太陽的貼心友伴；
兩人協謀如何以產量豐盛
賜惠予繞簷的葡萄藤蔓；
蘋果纍纍垂彎生苔的村樹椏，
把熟度通透果心至所有果類；
讓葫蘆脹大，鼓起了榛果
以甜核，使芽苞萌生不退，
且更盛，為蜜蜂續開晚花，
讓蜜蜂以為暖天永不歇罷，
只因夏日滿溢在黏濕的巢窩。

英國的鄉村美麗如詩。我喜歡去漢普斯特德荒野（Hampstead Heath）；那年春天水仙花開的季節，山坡長滿成千上萬株紅口水仙，石榴紅色的花蕊，白色的花瓣，淡雅的香氣。我現在就能聞到它的味道。我非常喜歡薇塔·薩克維爾—威斯特曾住過的西辛赫斯特城堡（Sissinghurst Castle）的花園。四月或五月的某個週末，我搭了大概三小時的火車到肯特郡（Kent），然後轉乘巴士前往西辛赫斯特。這正是我母親和伊娜姨婆會喜歡的地方，搖搖欲墜的伊麗莎白時代莊園，玫瑰蔓生爬滿磚牆，而拜母親之賜，那裡的植物我大多認得。我看到一片古老的蘋果樹和梨樹果園，裡面野草叢生，還有大片黃色水仙，掛著小小的橘色花冠。花園的其他區域修剪得井然有序——一種狂放和溫馴的魔幻組合。

我本來考慮去康瓦爾郡（Cornwall），但最終沒有成行，因為一九六五年的時候，我和莎拉曾短暫造訪那裡，而那裡實在太冷了。再加上我不喜歡康瓦爾的食物——我當時處在非常法國的狀態裡，壓根不想吃那種填肉餡的糕點，像是口感扎實的牛肉和馬鈴薯餡餅，以及甜膩的凝脂奶油點心。我們曾走進一家康瓦爾茶店，那裡的食物都不好吃。我在英國沒有真正愛上喝茶。我喜歡小茶點，但從來不喜歡下午茶的全套儀式：對我來說，下午茶等於淡而無味的無聊白麵包三明治，而且不必要地正式又昂貴。別誤會，我們去哈洛德百貨喝過幾次下午茶，但在柏克萊經歷思想的激進化後，下午茶的獨特形式和昂貴豪華，感覺就像一趟上層階級的品茶之旅。

有一小段時間，我到倫敦市區另一頭的一間酒吧當服務生，儘管我通勤過去非常耗時。有天晚上，我在酒吧遇到一位身材高大的黑髮帥哥，整個人神魂顛倒。那天晚上我和他離開，就再也沒回去上班過！我不記得我有打電話，甚至沒有告知酒吧，就突然人間蒸發了。從那之後，我再也沒有做過類似的事。（我和那個男人的小插曲短暫但非常激情。）不過我從那份工作學到了一件事：我們每天都必須把吧臺酒櫃上的每個瓶子拿下來，擦拭乾淨，然後放回去。我說：「**為什麼**我們老是在清理？」酒吧老闆回答：「因為如果每天清理，它們就永遠不會變髒。」後來我們在帕尼斯之家也這麼做——是真的，它們永遠不會變髒。

在那之後，我在倫敦的另一間店擔任服務生：康拉德小酒館（Conrad's Bistro）。它有兩層樓。那裡的員工工資很低，而為了彌補這點，在那工作的人總是把一些不該拿的東西帶回家：食物、葡萄酒、玻璃杯、銀器、鹽罐和胡椒罐。在餐廳工作的人會做出這樣的事情，特別是如果餐廳沒有一個發送禮物的既有文化。這個經驗對後來的我影響很大：我們讓員工透過帕尼斯之家以成本價購買橄欖油和醋，乃至銀器和玻璃杯——有時也會直接贈送其中一些東西。

學程結束後，我拿到國際蒙特梭利證書。我和蒙特梭利培訓班的朋友茱蒂・強森（Judy Johnson）一起在歐洲露營幾個月，茱蒂是深褐色頭髮的高個子，有美麗的笑容。茱蒂對任何事都充滿興趣。我和她在很多方面都很合拍，她很好相處——她旅行時比我更勇敢，而且懂得如何看地圖。茱蒂和我從朋友那裡買了一輛二手 Mini Cooper，決定到匈牙利、保加利亞、土耳其和希臘等國露營。當時我正瘋讀亨利・米勒（Henry Miller）的《馬魯西巨像》（*The Colossus of*

Maroussi），所以已經為希臘之旅做好準備了，而且蒙特梭利課程的其中一個老師在科孚島（Corfu）有房子，邀請我們去拜訪。我也想著薩赫蛋糕（Sachertorte），以及我多麼想在匈牙利的糕點店吃薩赫蛋糕。不知何故，我沒有事先想到我們要去的國家的實際情況，只想著我有多渴望在特定的地方吃東西。

強恩．科特跟我提過保加利亞音樂，而且也有播放過令人難以忘懷的美麗農民音樂給我聽。然後，我莫名地發現保加利亞有生產玫瑰香水，所以腦袋裡全是芬芳的栗紅色玫瑰田畫面，想像那是這個美好的唱歌跳舞飲酒文化的一部分。當然，當我們駕車駛入索菲亞（Sofia），才發現它受到蘇聯的統治。我們大感震驚——到處都是水泥和混凝土的新建築，沒有咖啡館，街頭毫無生氣，沒有樹木。我記得我當時心想，**我們必須離開這裡**。所有關於鄉村、香水和歌舞的浪漫幻想都消失了。我們開車到南斯拉夫，暢飲當地名產、用李子做的白蘭地「斯利沃威茲」（slivovitz），喝得醉醺醺。

茱蒂和我對性抱持同樣開放的態度——我們都非常地自由奔放。我們不會說任何到訪國家的語言，但這點並沒有造成絲毫影響。在路上，某個我們過夜的露營地，我遇到了一名德國男子，他邀請我偷偷去他的帳篷。我至今仍然只會兩個德語單字：慢（*langsam*）和快（*schnell*）。

在某個南斯拉夫的露營地，我們遇到兩個法國人，皮耶（Pierre）和理查（Richard），然後決定和他們一同前往土耳其。我們有 Mini Cooper，他們有雪鐵龍 2CV（Citröen Deux Chevaux）。

理查、我、茱蒂與皮耶。

我們很幸運找到兩個男伴，因為身為單身女性，我們永遠不可能自己去餐廳。我們只是好朋友，沒有在約會，但皮耶和理查成了我們名義上的「丈夫」。在我們進城之前，茱蒂會坐上 2CV 和皮耶同車，理查會和我一起開 Mini Cooper。土耳其人不接受我們是已婚夫婦以外的任何可能性。

女性獨自旅行通常並不容易。我第一次去義大利是在七〇年代中期，餐廳終於穩定下來後，我需要休個假。我在法國見了一些朋友，並計劃後續到義大利見其他朋友，但中間有幾週的空閒時間。成功經營屬於自己的餐廳為當時的我帶來自信，我覺得我可以獨自搭火車探索歐洲。我心想，**這樣的話，我就去一趟義大利吧**，儘管我一句義語也不會說。

我坐火車去錫耶納（Siena），但沒有事先安排住處。於是我隻身往赴一間又一間的旅館，卻找不到任何空房。等到我問到鎮上最後一間旅館時，我的眼裡含著淚水，經理說：「嗯，再走下去有一家青年旅社。我相信那裡會有床位。」我找到了，是一個天花板很高、空間很大的地方，在這個大房間裡有用警戒線圍起來的許多小隔間。我得到一個床位，但徹夜難眠——人們進出、走動和說話的聲音不斷。早上，我下樓到他們供應早餐的房間，自行入座。沒有人接待我——其他人進來，受到接待，但卻沒有人接待我。過了很久之後，我用英語對服務生說：「如果你不幫我點餐，我就自己做我的卡布奇諾。」（我在帕尼斯之家的吧臺做卡布奇諾已經做得很熟練。）他還是不理睬我，於是我走到吧臺，自己做了一杯卡布奇諾，放了我的餐錢，然後離開。我很生氣。

我認為他們歧視我，因為我不會說義語。

接著我搭火車去拉斯佩齊亞（La Spezia）。我打算在火車站附近吃午飯，於是找了咖啡館坐。結果又沒人幫我點餐！又來了！甚至沒有人和我打招呼，好像我不存在一樣。在青年旅社時我很生氣，但現在我感覺受傷了——我實在不明白。然後鄰桌的一名義大利人自我介紹說：「我不是要搭訕你，我只是想說——我在旁邊都看在眼裡。你知道他們為什麼不理你嗎？」

「不知道，為什麼？」

「因為你是沒有人陪伴的女性，假如你獨自用餐，他們會以為你是妓女。跟我去隔壁吧，我們去吃頓午餐。」一旦我像個「體面的」女人，在男性的陪同下入座——果不其然，人們又再度承認我的存在了。

・・・

不知怎地，茱蒂、皮耶、理查和我在土耳其拿到了一些黎巴嫩大麻膏。我們四個人抽著大麻，在沙丘旁的海灘公路行駛，然後我們說，**為什麼要開在路上呢？我們穿越沙地直接開過去吧！**我們以每小時六十英里的速度狂飆兩輛荒唐的小車，從沙丘滑下去，笑個不停。突然間，Mini Cooper 驟停——其中一個輪胎被刺破了。我們不得不在沙丘上露營。隔天早上，法國人帶我們到某個偏遠的土耳其小鎮換輪胎。花了兩天才修好——修車師傅根本沒見過 Mini Cooper 的迷你輪胎，他們當然也沒有任何替代品，所以他們基本上必須用手工縫合橡膠。這一縫簡直縫到天荒地老。

某天夜裡，我們紮營，但沒有意識到我們在別人的牧場裡。我們搭起帳篷，到了隔天早上，有個牧羊人在帳篷裡塞了一碗熱羊奶給我們當早餐。素未謀面的陌生人的款待和善意震撼了我——而且溫熱羊奶的鮮活度令人難以置信。我永遠忘不了。

我們開車前往卡帕多西亞（Cappadocia），就在安卡拉（Ankara）南邊，那裡有童話城堡般的岩石結構。我們在附近的小鎮遇到了一些人，他們說有一場婚禮正在舉行，問我們想不想參加。對這份邀請感到受寵若驚的我們同意了；男女賓客分開，茱蒂和我加入了女性的聚會。在一個小房間裡，不同年齡的婦女為新娘塗指甲花（henna）。我們進去後，她們安排我們坐在房間中央的墊子上，突然間，我們變得比新娘還重要！我為我們成為關注的焦點感到難為情，但每個人都很高興我們參加了婚禮慶祝，也高興我們以嘉賓身分出席為婚禮增光添彩。她們的熱情排山倒海。她們演奏一種美麗的弦樂器和鈴鼓，在場女性為我們圍成一圈跳舞。然後我們加入她們一起跳舞——我們待了好幾個小時，一邊跳舞一邊裝扮自己。最後，女人把新娘帶去男人那邊，他們一直待在他們專屬的區域，飲酒、抽菸、慶祝——這是魔幻的一天。

隔天，我們被帶去當地學校，因為他們對於我和茱蒂都是老師的事實很有感觸。學生們想和

我和卡帕多西亞當地學生的合影。

我和當地人騎馬合影，後面是皮耶和理查的雪鐵龍。

我們合影，還送核桃給我們。他們想送我們在路上能用到的臨別贈禮，而核桃是他們僅有的東西——後來我們發現果核裡的核桃都乾掉了，不過心意最重要。他們不想讓我們覺得有必要留下來，或是給他們一些東西作為回報——他們完全沒有這樣做。他們不求回報地給予。我想在那之前，我從未有過這樣的感覺。當你能傳達這樣的訊息給別人，是非常難能可貴的天賦。

我們和法國同伴迂迴蜿蜒地穿越土耳其，南下愛琴海游泳，最後抵達伊茲密爾（Izmir）。我在伊茲密爾的市場第一次看到茄子：它們美得不真實，光亮黝黑。我們去市場裡的一間小店，他們用鍍金玻璃杯裝鮮榨果汁：橘子、檸檬、蘋果、石榴、桃子。我一直想在美國的農夫市集重現那個小果汁吧。我還喝起了倒在小巧瓷杯裡、非常濃的土耳其黑咖啡。我的廚房至今仍保留一把土耳其長柄咖啡銅壺。我們最後在伊茲密爾告別了皮耶和理查；他們繼續前往伊斯坦堡，茱蒂和我把 Mini Cooper 脫手，搭渡輪前往希臘。

一九六九年十月二日，

親愛的母親、老爸、艾倫和小大衛——

我在雅典衛城附近一家非常便宜的小客棧的床上寫信給你們……。我對希臘、對身在此地，有非常矛盾的感覺。我已經知道我喜歡希臘。我喜歡狹窄的後街和白色廣場，裝有百葉窗的房子和從屋頂垂墜下來的亮藍色牽牛花。這裡很多餐廳有戶外用餐座位，提供美味的海鮮。今晚我吃了章魚佐葡萄酒醬汁，昨晚吃了炭烤魷魚。魚肉搭配番茄、青椒、洋蔥、菲達羊起司做的沙拉，然後以希臘橄欖裝飾，並點綴野生馬鬱蘭。美味……

是的，我對於來希臘玩感到頗為羞赧，很多人覺得這等於是包容法西斯政權……。但我可花的錢很少，又興致勃勃地想到希臘各島嶼玩，導致我幾乎合理化了這一切——這就是我的內疚……

母親，瑜珈聽起來很棒。茱蒂只要有空就會練習。老爸——你也在做瑜珈嗎？沒有的話，為什麼呢？

我非常想念你們每個人，包括蘿拉和蘇伊。

愛你們的，

愛莉絲

．．．

我確實喜歡希臘，這是事實。茱蒂和我前往科孚島，在阿爾巴尼亞對面的海灘搭起帳篷，靠近我們的蒙特梭利老師友人的家。我們每天醒來，太陽從阿爾巴尼亞那頭升起，到了下午我們會步行到島的另一側看日落。看完日落的回程路上，我們總是會瞧瞧小酒館有什麼菜色——也看看有沒有什麼有趣的男人。從山的這側到那側，島上到處有人生火。人們會走近火源，看著豬在烤肉叉上轉動，決定哪隻豬看起來最值得一試，以及那天晚上最棒的一支舞會在哪裡發生。

現在最讓我感到自在的做菜方式是用明火——我一直對火很著迷。一九七〇年代中期，我和朋友娜塔莉・瓦格（Natalie Waag）到美食作家理察・奧爾尼的普羅旺斯家中朝聖，我印象最深刻的地方是他家的中央擺飾是壁爐。我認為那是一座夢幻的壁爐：用大塊的河石製成，前面掛著銅鍋和鑄鐵鍋，壁爐臺上擺著大理石研缽和研杵，爐床裡有烤架。他是學問淵博但樸實的廚師，了解法式料理以及複雜的醬汁和製作流程。他擁有把菜餚提煉成非常簡單、完美、質樸料理的知識和經驗。他的烹飪直截了當但有深度。那是我最早看到有人用家裡的壁爐做飯的經驗之一。他坐在那裡，用烤架烹煮野生雞油菌菇。就好像在說，要**爐灶幹嘛？**有道理。

大約在那時，我也初識了露露・佩羅（Lulu Peyraud）——南法邦多勒（Bandol）丹碧園酒莊（Domaine Tempier）的女老闆，她後來成為我的良師益友和繆斯女神。露露也最喜歡用明火做飯，燒烤包著葡萄葉的沙丁魚或烤叉上的羊腿。她的葡萄酒莊園建於十八世紀，當時壁爐是唯一的烹飪器具。她家古老的普羅旺斯壁爐有整面牆那麼長，高及腰間，有一個烤叉、一個烤架，還有位子可以使用大大小小的鍋子。多年後，我仿效其精神設計自己的廚房壁爐。

露露是燒烤的天生好手。她起床後的第一件事就是用壁爐做飯。看著她，我會想，我每天醒來都想去壁爐生火。女兒還小的時候，我很常這樣做，她起床時會聞到火的氣味。她會想，啊，有人在烤甜椒！那氣味會讓她離開被窩下樓——在她十幾歲不想起床的青春期尤其管用！

燒柴火的氣味喚醒人的感官——我在帕尼斯之家用過這招很多很多次。起初，我們的廚房裡沒有明火設備，不過我們隨興地在後院生火烹煮很多東西，這讓消防部門非常苦惱。開業大約四、五年後，我們在廚房裡造了一個烹飪壁爐，這個壁爐確實改變了我們的烹飪方式。那時我是主廚，而我總是想要燒烤。尚—皮耶．穆勒是調味師（saucier），並負責管理其他一切事物——雖然他對燒烤充滿熱情，但這是我夢寐以求的工作。我總是親自生火。

明火燒烤要透過反覆實作來學習，最終會變成你的第二天性，就像做麵包一樣：你就是要不斷地烤、烤、烤、烤——很快地，你就能夠透過按壓外皮判斷，然後說，啊，熟了。我總是在調整肉下面的火源——我知道肉的某些部位比其他部位厚，所以我會同時移動肉和下方的火。舉例來說，我學會燒烤豬腰肉所需的時間。我的實際經驗是大概半小時，然後要靜置十分鐘，但過程中有很多變數。我們在帕尼斯之家最棒的實驗成果之一是，如果我們稍微傾斜烤架，鴨胸肉的脂肪就會沿著烤架滴到前面的平底鍋；這麼一來，我們可以把鴨胸肉放在火上，把鴨皮烤到酥脆夢幻，但不會有鴨油導致煤炭越燒越旺的問題。

因此，燒烤的重點其實就是要不斷試錯——一路靠實驗累積經驗。你把魚掀開，如果還沒熟就放回去。或者你可能注意到背部沿著骨頭的部分更厚——有時我會把魚靠在一根圓木上，讓較厚的部位可以烤到全熟。我喜歡燒烤在過程中有修正的空間。而且這種烹飪方式提供許多不同的可能性——例如在火上熬煮魚高湯可以為湯增添一種特殊的香氣。用明火烤全雞也很美妙。我們使用壁爐的方式不勝枚舉。

・・・

在科孚島待了幾週後，茱蒂和我都覺得想在希臘度過餘生。旅行即將結束的前一天，我們漫步在某個粉刷成白色的小鎮，看到有扇門張貼著求售標誌。我們敲了敲門，在內院裡看見一大群咩咩叫的綿羊。我們詢問整棟的房價（四個側廳和一個中庭），對方說是一萬七千美元。我心想，**天啊。也許我可以召集一群朋友想辦法合購！**這棟屋子實在太美了。但我沒買。（為什麼沒買呢？我真希望當初有買下來！）

在那之後，我回到柏克萊。大衛和我已經分手，而經過這麼多年，我終於有了自己的公寓。我把室內漆成全白的，門漆成天藍色，就像希臘一樣。

10

食品和電影

Food and Film

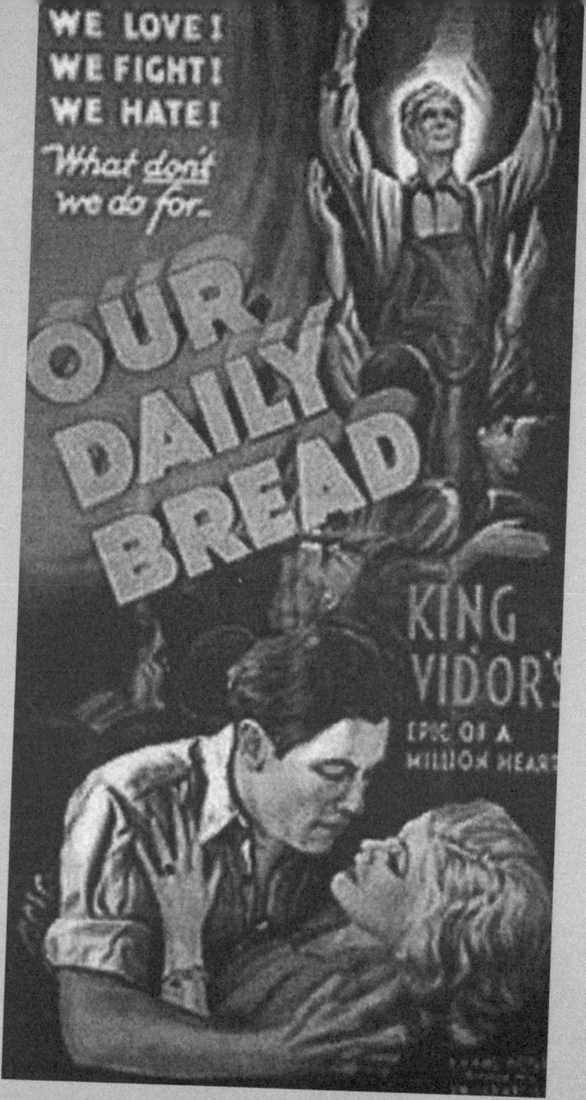

我愛上了電影。金・維多（King Vidor）的《我日用糧》（*Our Daily Bread*）是關於大蕭條時期的農夫的故事，也啟發了我。

我開始認真在柏克萊的蒙特梭利學校任教——我教學前班，三到六歲的孩子。我很緊張——一大群小小孩到處亂跑，你必須趴到地上靠近他們，否則他們完全無法和你交流。我發現當我們談論食物，或者當我讀《綠雞蛋和火腿》（*Green Eggs and Ham*）之類的書時，可以吸引他們的注意力。那是我的強項。有個四歲小孩要求我反覆不停地讀那本書給他聽——每次我讀完，都會被慫恿再讀一遍。我熟記整個故事，而且會把故事表演得像一部激動人心的情節劇；他們聽得陶醉出神。

我以為我能應付自己帶班，但我沒辦法。我不曾和小小孩相處過，不了解他們的習性，也不知道如何與他們相處。在英國的培訓重點不是學會和孩子們自在相處。我知道所有的遊戲，但從未真的被小小孩包圍過。我的班上有個小孩老是咬其他孩子。我一直用手拉住他並說：「停下來！你不能**咬人！**」然後越制止越感到灰心。但他不斷狂咬其他同學，直到終於，有一次，我自己咬了他一口——為了讓他知道那是什麼感覺。這是臨時起意的直覺動作。以前我們扭打或打架時，我會咬艾倫——她體型比我大得多，而且我會氣到**除了咬她**，什麼也做不了。但是，想也知道，男孩被我咬了之後嚎啕大哭，而我立刻感到無地自容。和我一起帶班的另一位男老師大感震驚。

我應該要被開除的，最終也的確被炒魷魚了——不過原因是我穿了一件透膚上衣。胸罩隨著言論自由運動而消失，我們都穿輕薄透明的匈牙利繡花上衣。我在跳蚤市場添購這種上衣，常穿著它們搭配我的藍色牛仔褲和涼鞋。

柏克萊的蒙特梭利學校，照片約攝於 1969 年。

某天，我被叫到辦公室，管理的長官說：「有些家長提出抱怨。你可以別再穿那種上衣了嗎？」

我大吃一驚。我對那些衣服沒有任何不自然的感覺——那只是當時年輕人的穿衣風格。對這些衣服有意見，給人一種壓抑的、保守的感覺——在蒙特梭利的環境裡更是加倍違和。所以我拒絕了。於是他們說：「那就再見了。」這對我是一個重大的時刻，因為我心想，**我不想要在感覺不受支持的地方工作**。我非常有意識、也很清楚這一點——並沒有大感失望或大受打擊：**他們不要我在這裡，所以我不想要在這裡**。離開時，我感覺在某種程度上充滿了力量。多年後，當我偶爾不得已得解雇帕尼斯之家的員工時，我很常想起那時的感受——開除是一條雙向道。應該幫助被解雇的人了解，他們**不會想**待在一個不重視他們的地方。你要待在一個關心你而你也在乎的地方。

我也發現自己不是個好老師有一段時間了。我喜歡蒙特梭利的哲學，也很高興拿到證書。我認為這個訓練絕對值得。但從實務的角度來看，我沒有能力教小孩。我慢慢意識到，我實在沒有足夠的耐心和定力去做這件事。

此外，我從未想過教書會是我一生的選擇。我取得蒙特梭利認證，是因為這似乎是明智的想法，因為我可以賺比較多錢，而且我對它的哲學感興趣。但我不相信所謂職業生涯的概念——擁有一個職業生涯，感覺就像把很多道門關上。我討厭以下概念：你將來會從事這樣那樣的工作，在那份工作中不斷進步，獲得更高一點的地位和更多一點的錢，然後在你還沒意識過來之前，整個人生就過去了。對我來說，這聽起來比較像是無期徒刑——就像被強加桎梏。我活在當下，總覺得任何事情都可能發生。

我當然知道不能咬學生。絕對不能傷害孩子。一次也不行。這是非常嚴肅的事。影響和教導孩子的方法很多，但絕對不是用這樣的做法。我還沒有真正吸收蒙特梭利的基本原則，就是絕對不要直接管教孩子。重點是拉攏孩子想要表現出更好的行為——創造另一個難以抗拒的活動，讓他們被吸引過去。重點是同理心、覺察和賦能。我今天從事所有工作時都謹記著這點。

由於生命中的這段經歷，我對老師有無比的敬意。我完全同情他們，也知道教學非常具有挑戰性。我很常想起，我當時只有教**年紀很小**的小孩，但我仍然覺得自己的能力不足——真的，我擁有的知識**不足以**教一個三歲小孩。我不知道如何回答他們的問題：「貓為什麼會死？」「為什麼我們現在不能出去？」他們會問我非常簡單、深奧的問題，以至於每天下課後，我覺得自己連三歲小孩的教育程度都沒有。

帕尼斯之家有很多廚師也是很棒的老師——例如琳賽，她最終和我一起創業，而且擔任我們的糕點師很多年。我期許能不帶偏見地成為真正的好老師，像琳賽一樣。這是我立志達到的目標，但我達不到。我沒有足夠的耐心當老師——這是含蓄的說法！這就是為什麼我如此欽佩老師。他

們是最有價值的一群人，我們需要培訓更多的老師。

・・・

我生命中幾個最偉大的老師，都是我深情愛慕和景仰的人。當我和大衛墜入愛河，我認識了藝術、印刷和書籍。他的熱情是如此具有感染力，我輕而易舉地吸收了那種情感——真的就彷彿我是被用湯匙餵食一樣。我愛上的許多男人，最初之所以令我感到著迷，都是因為他們所做的事令我著迷。他們的長相倒是其次——我總是被外表很不一樣的人吸引。我先是看見了他們獨特的熱情。

教蒙特梭利時，我很常和瑪亭與克勞德見面，他們還住在維多利亞式的老房子裡。來自魁北克的詩人、作家和電影評論家派翠克・史特拉蘭（Patrick Straram）和他們同住過一段時間。派翠克的友人都稱他為「野牛拉維」（the Bison Ravi），意思是「狂喜的水牛」，他在各方面都很瘋狂，醉醺醺、怪異，但也迷人且聰明。他來瑪亭和克勞德家借住兩天，最後卻住了一整年。他以前會坐在自家門前的階梯上，吃罐頭牡蠣當早餐。

派翠克是湯姆・魯迪（Tom Luddy）的朋友，湯姆・魯迪經營電報劇目戲院（Telegraph Repertory Theater），是一家會放映巴斯特・基頓（Buster Keaton）重映片、安迪・沃荷的新電影、法國新浪潮電影和政治紀錄片的藝術電影院。湯姆．魯迪在加州主持幾個電影協會，也積極參與言論自由運動，放映各種有關抗議活動的電影。他和我在加州大學柏克萊分校就讀的時間重疊，可是我當時還不認識他；我大二時，他已經是大四生。「野牛拉維」派翠克介紹湯姆．魯迪和瑪亭認識，然後瑪亭認為我應該和湯姆約會。

我對湯姆的第一印象來自他的帽子——他總是戴著一頂有點牛仔味道的寬邊黑色毛氈帽，而且經常搭配黑色皮夾克和牛仔褲。那是他當時的標準穿搭，就像《養子不教誰之過》（*Rebel Without a Cause*）裡的詹姆斯．狄恩遇到《豪勇七蛟龍》（*The Magnificent Seven*）。

和湯姆相戀後，我吸收了他對電影的熱情——託他的福，電影成為我人生的第二大愛好。有時，我們一天會看三部十六釐米電影——用每次都得重新設定的大型舊式投影機放映。我們會看布魯斯．康納（Bruce Connor）的實驗電影、馬克斯．歐菲爾斯（Max Ophuls）的《某夫人》（*The Earrings of Madame de...*）和《一位陌生女子的來信》（*Letter from an Unknown Woman*）、肯尼思．安格（Kenneth Anger）的《天蠍座升起》（*Scorpio Rising*）、費里尼（Federico Fellini）的《大路》（*La Strada*），以及亞倫．雷奈（Alain Resnais）的《去年在馬倫巴》（*Last Year at Marienbad*）和《廣島之戀》（*Hiroshima Mon Amour*）。他能拿到這些電影是因為他為電報劇目戲院放映這些片子；有時他會為一群人放映一部片，有時只有我們倆在他家裡看。湯姆的床底下堆放著高達（Jean-Luc Godard）《女人就是女人》（*A Woman Is a Woman*）的膠卷。無價之寶。

我為湯姆做飯，像是雞肉佐大蒜或烤魚和檸檬塔，他介紹我看電影。他喜歡我做的所有菜餚；他是很棒的食客。他總是說：「這**太棒了**，愛莉絲。這太棒了。」他認為我的手藝是世上最好的。我在他安裝投影機和布幕時做飯，接著我們共進晚餐、喝點小酒，然後拉下窗簾看電影。我們一起住在他位於柏克萊和奧克蘭交界的小平房；我還沒來得及在粉刷成白色的公寓安頓下來，就搬去和湯姆同居了。（與其說我是感情游牧民族，不如說我是連續單偶主義者。）湯姆會試圖尋找他認為我喜歡的電影——至今依然如此。（他知道如果電影變得太「難」，我就會走掉。）即便到今天，他還是會繞到我家，在我的前廊放一小堆電影。

湯姆交遊廣闊：他有詩人、作曲家、電影人、小說家、知識分子和音樂家朋友。他的好奇心寬闊無止盡。他就像酶（enzyme），不停在朋友之間建立連結，介紹人們彼此認識，催化反應，然後就閃到一旁。他這樣做是無私的——從來不是為了個人利益，純粹樂於看到新的關係形成。他的腦袋會冒出迷人的願景：他可能會安排捷克電影導演米洛斯·福曼（Miloš Forman）坐在莎莉·麥克琳（Shirley MacLaine）旁邊，看看兩人會有什麼互動。通常都會有一些火花。這些願景可能跨越領域（他可能為音樂家與街頭倡議人士牽線），而那願景可能是關乎政治或文化的，抑或兩者皆是。

湯姆的父親擔任威徹斯特郡（Westchester County）民主黨的主席多年，曾為約翰·F·甘迺迪（John F. Kennedy）和羅伯特·甘迺迪（Robert Kennedy）工作，因此湯姆從小就吸收了他的進

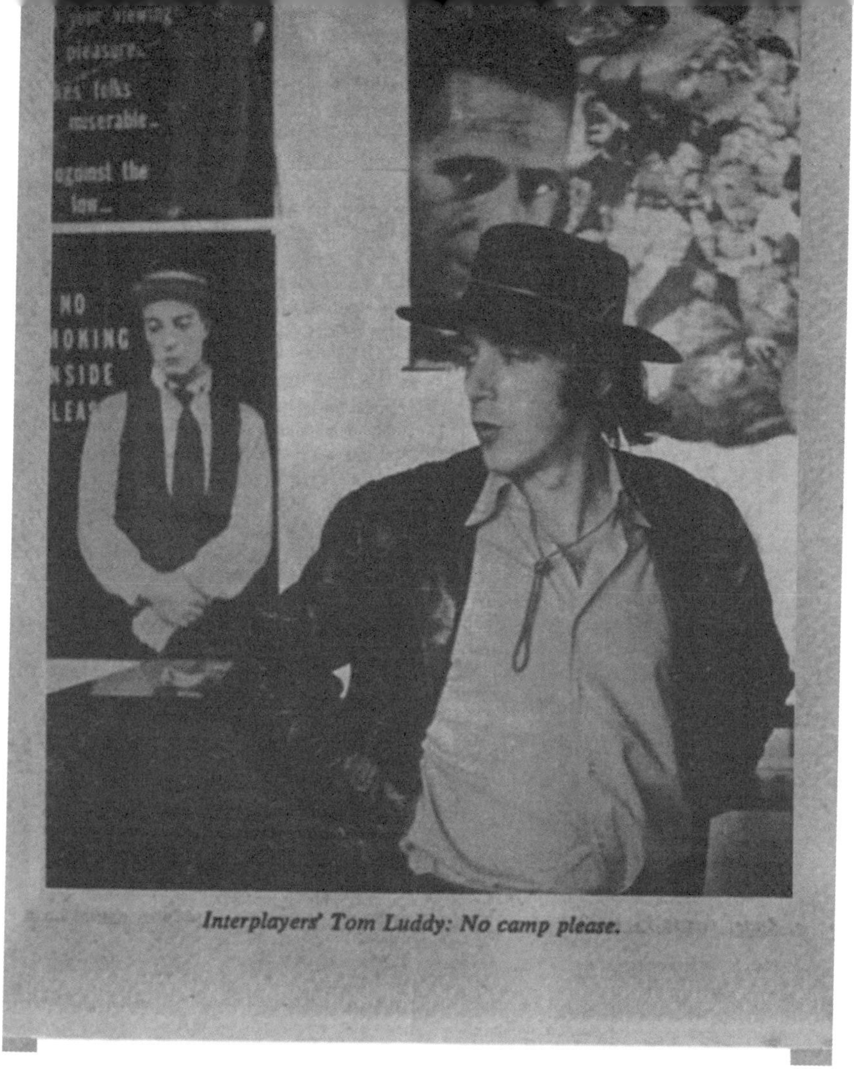
Interplayers' Tom Luddy: No camp please.

湯姆・魯迪，照片約攝於 1969 年。

步主義政治參與。我印象中，他的母親有一點文學背景——她曾與偉大的愛爾蘭劇作家尚恩・歐凱西（Sean O'Casey）書信往返。湯姆的哥哥在湯姆六歲時去世了，我認為湯姆的母親從未從喪子之痛中恢復。湯姆於是成為最年長的孩子，我懷疑他從很小的時候就感受到身為長子的責任。

直到升上紐約白原市（White Plains）的天主教高中，電影才成為他的愛好。那裡有幾位進步的、激進的神父對他影響很大。據說，他的好老師伯特・馬里諾神父（Father Bert Marino）對他造成深遠的影響，神父曾經在宗教課上說：「這些新電影對我們這個時代的精神危機有很好的探討。如果有人想知道我在說什麼，我很樂意帶班上同學去曼哈頓的戲院實地考察，我才剛去那裡看了安東尼奧尼的《情事》（*L'Avventura*）和伯格曼（Ernst Ingmar Bergman）的《穿過黑暗的玻璃》（*Through a Glass Darkly*）。」（想當然爾，有些學生大聲說：「但是神父，這些電影都在天主教道德聯盟〔Catholic Legion of Decency〕的譴責名單上！」）多虧了這位老師，湯姆對安東尼奧尼、伯格曼、費里尼和雷奈產生了興趣，等到一九六一年到柏克萊念書時，他已經深深愛上電影，以及電影對人類、政治和文化可能造成的深遠影響。

湯姆有過目不忘的記憶力——一旦看到某個東西，他就永遠忘不掉了。我兒時好友們的電話號碼，他只瞥了一眼就記住，直到今天都還記得。這種過目不忘的記憶力，是他為可能會喜歡彼此的人牽線如此成功的部分原因。他是面面俱到的媒人——藝術、工作、愛情方面，其中最重要的，也許是在助人這方面。我不知道我當時正從湯姆身上學習如何牽起人與人之間的關係——我還以為我只是在認識電影！但在一起的時候，我潛移默化地吸收了一些牽線的能力。在那之前，我向來比較專注於自己的事務。但湯姆讓我看見，把各式各樣的人聚集在一起、創造對話，以及對話能帶來的益處，是非常幸福的一件事。

因為湯姆的緣故，導演們常會經過柏克萊，在電報劇目戲院或是後來湯姆於一九七二年創立的太平洋電影資料館（Pacific Film Archive）放映他們的電影。湯姆和我同住在達那街（Dana Street）上一間很小的房子——廚房很小，起居空間很小。但我們有兩間臥室：一間位於主樓層，樓上還有一間小房間，電影人進城時會在那間房裡過夜。湯姆經常邀請電影圈的人來我們家住。導演的電影放映後，他會帶他或她到我們家吃晚飯——或是，餐廳開業後，他會帶導演去帕尼斯之家。多虧了湯姆，許多我敬畏的導演都曾來訪餐廳：韋納·荷索（Werner Herzog）、羅貝托·羅塞里尼（Roberto Rossellini）、文·溫德斯（Wim Wenders）、李安（Ang Lee）、戈弗雷·里吉奧（Godfrey Reggio）、埃洛·莫里斯（Errol Morris）、杜桑·馬卡維耶夫（Dušan Makavejev）、烏斯曼·塞姆班（Ousmane Sembène）、霍華·霍克斯（Howard Hawks），以及安德烈·康查洛夫斯基（Andrei Konchalovsky）。

有一次，來自巴西的激進電影人克勞伯·羅加（Glauber Rocha）來到柏克萊，他來我們位於達那街的小房子借宿。羅加很怪，非常怪，一頭亂髮，眼神狂野。我清楚記得他的電影《黑上帝白魔鬼》（*Black God, White Devil*）：片頭剛開始是一架飛機在里約降落，然後鏡頭切到一座高爾夫球場，有人正在開球，然後再直接切到貧民窟的畫面。這是地球上野蠻的不平等現象指證歷歷且發自肺腑的舉例。這是一部非常寫實的電影，把巴西的貧民窟和高爾夫球場放在一起呈現——令人震驚的是，這個懸殊的差異至今仍然存在，甚至可能變得更糟了。

湯姆曾經邀請法蘭西斯・柯波拉（Francis Ford Coppola）和喬治・盧卡斯（George Lucas）在帕尼斯之家的晚宴上和黑澤明會面。這又是一個他福至心靈的願景——湯姆覺得帕尼斯之家是他們四個人討論一九八〇年電影《影武者》（*Kagemusha*）製作的好地方，而我喜歡讓餐廳成為他總體計畫的要素之一。我喜歡幫助湯姆建立這些聯繫，邀請富有創意、才氣縱橫的人共進晚餐，盡我的一己之力。這使帕尼斯之家成為了那種我想去的地方。（可惜，我對黑澤明之夜的記憶只有黑澤明穿全白亞麻西裝，而且他很高。）

我總是非常在意要讓來自世界各地的人在餐廳裡感到舒適和賓至如歸。安德烈・康查洛夫斯基來到帕尼斯之家時，他要了一杯伏特加。我很尷尬我們竟然沒有提供伏特加，於是我奪門而出，驅車直往酒水專賣店，一路狂飆回來——在距離帕尼斯之家一兩個街區的地方闖紅燈，於是被攔下。警察問：「你有喝酒嗎？」我說：「當然沒有。」他們說：「你能走直線嗎？」他們把我扣留了至少十五分鐘，我擔心地要命。幸好伏特加酒瓶藏在汽車座位的底下。

湯姆也曾帶印度傳奇導演薩亞吉・雷（Satyajit Ray）來餐廳，說起來實在不好意思，不過我當時還沒看過他的電影。真可惜，因為我會很想和他談論他的阿普三部曲（The Apu Trilogy），但我是後來才看的；湯姆帶我到電報劇目戲院看了那三部影片，我從中學到了很多。第一部電影裡有位老婦人，她象徵著年長的智慧，以及長者智慧對家庭的幫助。祖母知道如何在各個家庭之間穿梭，在自己不再受到歡迎之前，從一個家搬到另一個家。儘管她骨瘦如柴、彎腰駝背，但她有很棒的性格。她大概已經九十多歲了，但她是家裡真正的支柱，而且和所有年輕女孩關係緊密。我喜歡薩亞吉·雷電影的這一點——觀眾會看到祖母、母親和孩子都睡在同一張床上，不同年齡層一起交流。

電影導演在餐廳裡總是有點分心。他們很多人都沒有認真用餐，他們是去社交的：喝酒，遲到或早到，點一些菜單上沒有的東西。不受控制的一群人。我沒有抗議的意思！主要是我對於打擾到他們熱烈的聚會感到抱歉。你必須打斷他們深入的重要談話，然後說：「不好意思，你想吃什麼？」他們沉浸在自己的思緒裡——我總是很想直接說：「晚餐我招待，這就是你的餐點。」但他們是導演，他們也想指手劃腳！湯姆帶來的導演中對食物最感興趣的是羅貝托·羅塞里尼：我們在餐廳的私人包廂安排他們的大型聚會。（可惜，包廂已經不存在了——我們曾稱之為「特別密室」，有一張可坐六到八人的桌子。）羅塞里尼對食物非常感興趣——他幫整桌的人點了食物和酒，而且很專心地用餐。我完全不需要擔心他。

在遇到湯姆之前，我的電影體驗乏善可陳。我小時候看電影的經驗並不多；我最早看的電影之一《綠野仙蹤》（*The Wizard of Oz*）讓我非常害怕。女巫、猴子、音樂——一切都令我感到驚恐。但我在認識湯姆不久之前開始愛上了電影。在英國的那年冬天，強恩・科特和我在漢普斯特德的一家戲院看了《高爾基》（*Gorky*）三部曲，我非常感動。電影分成三部：《我的童年》（*The Childhood of Maxim Gorky*）、《在人間》（*My Apprenticeship*）和《我的大學》（*My Universities*），我們分三天觀看了全部——這是一次史詩般的觀影體驗。我留下了不可磨滅的深刻印象，彷彿蓋印在我的額頭上。當時，漢普斯特德的戲院外下著雪，這部電影就像俄羅斯的地獄，在下雪天裡顯得格外淒涼。我感受到電影可以帶來多麼強大的威力與感官刺激。

在我們交往初期，湯姆給我看了另一部令人難以置信的蘇聯電影。亞美尼亞導演謝爾蓋・帕拉贊諾夫（Sergei Parajanov）的《遠祖的陰影》（*Shadows of Forgotten Ancestors*）講述烏克蘭山區貧困農民的愛情故事。這部電影**無比**熱情——可真是熱情！我不想透露劇情，但這個以冬季的雪山和春季的綠丘為背景的故事，十分美麗且真誠。每個登場的人物都穿戴最美麗的烏克蘭傳統服裝：毛皮、帽子、圍巾和紅色外套，被東正教教堂的煙霧環繞。我看了心想，**哇！我想去俄羅斯生活！**湯姆是俄國迷——他讀契訶夫（Anton Chekhov）、托爾斯泰（Leo Tolstoy）、果戈里（Nikolai

Gogol）等所有俄羅斯名家的作品。他熱衷俄羅斯文化的各個層面，從舞蹈到音樂，從文學到電影，這點在當時感覺有些踰矩，因為我們仍處於冷戰中。

相較於電影人，湯姆有點像地下外交官。我們會去巴利家（Bali's），那是城裡一間提供亞美尼亞美食的餐廳。店主是亞美．巴利安茲（Armen Baliantz）（她是珍妮特．伊瑟麗姬〔Jeannette Etheredge〕的母親，伊瑟麗姬後來擁有並經營北灘〔North Beach〕歷史悠久的咖啡館和酒吧「托斯卡」〔Tosca's〕），每個人都稱呼她為「巴利夫人」。她把巴利家打造成波希米亞藝術家、政治家和蘇聯叛逃者如芭蕾舞者魯道夫．紐瑞耶夫（Rudolf Nureyev）等人聚會的沙龍。我們以前會去那裡吃他們的石榴醬羊排，然後狂飲伏特加。

一九八七年，我受邀和一群美食作家及廚師參加一趟蘇聯的「美食之旅」，團員還包括寶拉．沃爾夫特（Paula Wolfert）、派蒂．翁特曼、比爾．萊斯（Bill Rice）、瓊安．內森（Joan Nathan）等人。因為看過的那些俄羅斯電影，我一直想去俄羅斯，因此當機會終於出現時，我欣然接受。首先，我們造訪波羅的海的國家。在愛沙尼亞、立陶宛和拉脫維亞起義反抗蘇聯的前一天，我們離開愛沙尼亞前往立陶宛。我們以為有一位立陶宛美食家會幫我們導覽，這位女士把這趟行程包裝成蘇聯美食之旅賣給政府。但我們有所不知的是，她其實是立陶宛地下組織的成員，利用這趟行程來煽動革命！

因此，我們一抵達立陶宛，導遊就把我們丟給了一群立陶宛人，他們在一個小村莊的烹飪學校教書，而我們感覺好像回到了一百年前。這跟我看過的電影完全不同——不像電影那樣美麗。這個小村莊與世隔絕。我們預計要品嘗正在學習烹飪的學生所做的食物，而當我們看著他們展示菜餚時，我們心想，這是什麼？那些菜餚令人難以理解，通常有很多馬鈴薯，但我們的回應必須非常友善。有一天，他們串烤了一個蛋糕！餐桌布置總是很精緻，他們會把餐巾扭成小結，塞進酒杯裡，盤子的左右兩邊擺放很多銀器。我猜想，這就是立陶宛人對高級料理的理解。

我們的「導遊」最終有回來拯救我們，於是我們繼續這趟美食之旅。我們每餐都喝好多烈酒和伏特加，我對行程還有記憶真是個奇蹟。我們喝的烈酒實在太多了。他們會在桌上放一大瓶伏特加，不停地幫我們斟酒，我們都覺得不把他們倒的酒喝掉很失禮。有一次在拉脫維亞，寶拉和派蒂真的是從公車上把我扛下來的，因為我醉到不醒人事。他們得把我抬上樓梯，一人抓著我的腿，另一人扛著我的頭和肩膀，然後把我放到床上。我這輩子從來沒喝得這麼醉過。

莫斯科沒有農產品。市場唯一賣生菜沙拉和蔬菜的人，是從一千多公里外的喬治亞過來的。我真心為莫斯科人感到難過——那裡真的什麼都沒有。而且我們去的地方都沒有餐館，所以我們通常只能在飯店用餐。飯店的食物很無趣，很容易忘記，譬如乏味的自助餐菜式——沒有布利尼小圓餅（blinis）和魚子醬。

我們唯一接觸到當地美食的地方是喬治亞。我們在那裡度過了愜意的幾天。我下飛機時，有一名喬治亞婦女迎接我們，歡迎我們來到她的國家。我被她迷住了，我說：「說真的，我可以住在這裡。」從落地的那一刻起，我就有一種直覺，我不知道這感覺從何而來。我踏上地面，感受到空氣、光線和氣氛——突然間，我們來到了地中海，一個和莫斯科不一樣的世界。那感覺就像，天哪，我回到故鄉了。我們搭車進特比利西（Tbilisi），載我們進城的計程車司機不讓我們付錢。我們的飯店為我們布置了餐廳和一張大桌，每個座位都有一整瓶香檳、白葡萄酒、紅酒、甜酒和烈酒——每個盤子前擺著五瓶酒！湯姆已經警告過我這一點。他認識那個地區的電影人，而且參訪時經常參加他們舉辦的宴會。他說，他只有在喬治亞會把飲料悄悄倒進室內植物的盆子裡，就像老默片裡演的那樣。我們都感同身受。酒真的太多了——你必須不斷反覆地敬酒。我們當中沒有人找得到一株盆栽。

喬治亞的風景很美：非常地中海風格，有橄欖樹。我們去逛農夫市集，我說：「這就是我想在舊金山看到的農夫市集。」當地的農民全都在市集擺攤，每個人都有自己的小桌子，看起來他們都帶來了自家後院種的漂亮水果和蔬菜。有一名農夫帶來一袋手工碾磨的麵粉，如果你想要買一些，他會舀一匙麵粉放在紙上，然後把它紮成一個小包裹給你。二十個留著黑色翹八字鬍的美男子賣著石榴，用最誘人的方式叫賣，把石榴撥開來給我們試吃。二十個人賣著生菜，但每個人都有自己的客人。一切感覺起來非常平等——這座城市既不太富裕，也不太貧窮，繁榮得剛剛好，每個人都參與這個完全以當地作物為主的市集。某天晚上在特比利西，我們去看一場喬治亞舞蹈表演。女人們穿黑色長裙像溜冰般地移動，男人則穿紅色上衣做後空翻。舞蹈非常美麗，非常浪漫。我一直想回去。那就像我看過的電影。

．．．

我和湯姆一起看世界各地的電影。我們看很多高達的作品，一上映就看——還有楚浮（François Truffaut），就是法國新浪潮那一批導演。我喜歡這些電影肯定有一部分是因為它們是法國電影，而我是個法國迷，以及湯姆會跟我說很多有關演員和導演的事。瑪亭和克勞德會過來和我們一起看電影，他們也很喜歡這些電影。有一次，高達人在城裡，他還真的來我們家吃晚飯，而且當時和高達聯合執導的尚皮耶．戈罕（Jean-Pierre Gorin）也來了。

高達非常難以親近。他肯定不喜歡美食——也不喜歡說話。至少，他不喜歡跟我說話！每當我們兩人獨處時，他都悶不吭聲，好像我不存在一樣。那天晚上我大部分時間都在廚房為他準備一頓特別的晚餐，經典的法式洛林鹹派、綠葉沙拉和我的招牌柑曼怡香甜酒巧克力慕斯。克勞德和瑪亭也在場。克勞德記得我們為高達斟了一杯上好的葡萄酒，一杯美味的波爾多紅酒，結果他拿起這杯完美的佳釀，往裡頭倒了一杯水。所有人都嚇到了。高達是可以接受自動販賣機即溶咖啡的人。我料不到這麼有才華且富有藝術氣息的人竟然不在乎食物。

早期特柳賴德影展（Telluride Film Festival）的電影發燒友（左起）：巴貝特．施洛德（Barbet Schroeder）、曼尼．法伯（Manny Farber）、湯姆．魯迪、愛德．拉克曼（Ed Lachman）、派翠西亞．帕特森（Patricia Patterson）、韋納．荷索、尚皮耶．戈罕和布魯克斯．萊利（Brooks Riley）。

和他聯合執導的尚皮耶・戈罕也令人生畏——他是真正的知識分子，一個有深度的作家，總是想要把人拉進政治或哲學的對話裡。但起碼他有和我說話。他和我聊食物，我們在食物的話題上有所交流。他的性感、輕佻和調皮的幽默感真的很吸引我，而且他也很英俊，像個法國電影明星——黑髮、黑眼，非常粗獷。我總是幻想湯姆、尚皮耶和我，就像楚浮的《夏日之戀》（*Jules et Jim*）裡那兩個男人和女人。

有一次，尚皮耶想為湯姆、我和我們的一些朋友做飯，於是他在我們家料理一隻兔子。（我記得是一條魚，但尚皮耶向我保證他做的是兔肉。）他準備了一整個下午，因為兔子不好對付：尚皮耶形容那隻兔子是「真美國人」，「體型和袋鼠差不多，也和袋鼠一樣兇猛」。他和那隻兔子搏鬥，但最後他把兔子從烤箱裡拿出來，試吃了一口，覺得不喜歡——接著就走到門外把它扔進垃圾桶！這就是他在意食物的程度。於是，想當然爾，晚餐又是我來做。

接下來幾年，尚皮耶在加州的時間越來越多，於是和湯姆的整個電影圈朋友變熟。事實上，一九七六年《現代啟示錄》拍攝時，法蘭西斯・柯波拉曾發一封電報給尚皮耶，邀請他飛去幫忙拍攝幾個月；法蘭西斯寫道，如果他到菲律賓加入團隊，尚皮耶可以教他有關高達的事，而作為回報，法蘭西斯則會教他如何製作好萊塢大片。（不用想也知道，尚皮耶同意加入法蘭西斯的團隊。）尚皮耶從《現代啟示錄》的冒險回來後不久，我嫁給了他，好讓他能拿到綠卡；尚皮耶對於在聖地牙哥和影評人曼尼·法伯合作很感興趣，而且希望能在美國住下來。湯姆一直都知道我對尚皮耶有好感——那時我和湯姆已經分手了，而且湯姆愛上他未來的妻子莫妮克（Monique），所以這樁綠卡婚姻可能算是湯姆的鬼點子。

我承認我完全樂在其中。我有一張穿婚紗走出家門前往市政廳的照片。我打扮得像個吉普賽人，頭上繫著一條美麗的粉紅絲巾，側面戴著一九二〇年代風格的玫瑰花結，一襲粉紅長裙配紅色日本和服。尚皮耶和我去奧克蘭市政廳登記，湯姆和我的朋友莎朗（Sharon）當我們的見證人。湯姆和莫妮克在柏克萊的山上租了一間房子，在登記後幫我們辦了一場盛大的聚會，眾人盡情跳舞、享用美食和美酒。尚皮耶和我之間一直持續地相互調情，至少我是這麼認為的，而且我為他著迷——但他並沒有為我瘋狂。我記得那天晚上在湯姆家和他一起上樓進房，心想，**啊！我們終於可以讓這段關係圓滿了！**結果尚皮耶說，不行。我一直想嫁給法國人，我想像他也一直想娶一個廚師。但我們的關係完全是柏拉圖式的。我大失所望，但沒有受傷——我們從未真正生活在一起，大約七年後，他為另一個女人傾倒，我們結束了這段「婚姻」。這些年來我們始終是朋友。

⋯

大約在那個時候，我也遇到了萊斯·布蘭克（Les Blank）——他是我有所耳聞的在地電影人，也是另一個湯姆的朋友。萊斯吸引我的地方是他擁有無盡的好奇心、從不停止追問，而且總是想要深入了解食物。

萊斯來自南方——至少他說話有南方人那種拉長調子的語氣，所以我一直以為他是南方人。他在柏克萊家中的後院舉辦很多派對，而且有很多女朋友。他身材壯碩、個性安靜，而且總是帶著相機——不意外吧。有一次，我和他一起去紐奧良的爵士音樂節，當時天氣非常炎熱。我們去了一間紐奧良的小餐館，那裡有賣紐奧良風的手抓小龍蝦。他們在餐桌上鋪滿報紙，把剛抓到的小龍蝦煮熟、瀝乾，然後整鍋直接倒在桌上。我覺得有一堆小龍蝦實在太棒了：我們用手剝殼，拿小龍蝦沾辣醬，然後直接用手放到嘴裡。後來，萊斯帶我從河口搭划艇往上游去拜訪他的音樂家朋友。我們到水岸邊的一個小地方吃晚餐——看著西班牙水草、柏樹，整個河口的景色。餐廳前門有一個手繪招牌，上面寫著「石首」、「鯰」和「尖嘴」——他們只賣這三種魚。所以我們就吃這些魚！在萊斯划著小船穿越三魚小棧旁的沼澤時，我們曾一度被柏樹的膝根困住。萊斯跳進河口，拉著船，游到前面！他一點也不怕水裡的鱷魚——他是厲害的泳者和運動員。

一九七六年，萊斯拍攝了帕尼斯之家的第一屆大蒜節——我記得是湯姆慫恿他的。萊斯用他記錄下來的內容製作了一部很棒的電影，名為《大蒜的功用跟十位媽媽一樣強大》（*Garlic Is as*

參加紐奧良爵士音樂節的我。

Good as Ten Mothers）——我一直很喜歡這句中國諺語。[1]《養子不教誰之過》的導演尼可拉斯·雷（Nicholas Ray）也參加了第一屆大蒜節：他穿紅襯衫坐在一張大長桌前，玩得非常盡興。萊斯的電影裡有尼可拉斯·雷的鏡頭。你必須仔細看才能發現他，但他真的有出現。

...

我前面說過，和大衛一起創作專欄「愛莉絲的餐廳」時，我開始思考，也許我應該開一間餐廳，而不是總是邀那麼多人來家裡，然後為他們做飯。湯姆也注意到我的這個感覺。他能看見我真正的熱情所在，在蒙特梭利教學不成後，我的生活有點漫無目的。他在鼓勵我實際且嚴肅地思考開餐廳這件事上發揮了重要作用。他聽到我說，「我想開一間餐廳」，然後他說：「沒錯，你**應該**開餐廳。我們出門去看看別人的餐廳長什麼子！」他是我的頭號啦啦隊隊長。

因此，在我計劃開餐廳並審慎考慮的同時，湯姆和我經常外出用餐，好讓我觀摩其他餐廳是怎麼經營的。他總是掌握小餐館開幕的最新消息——他喜歡那個圈子。我們去的一些餐館很棒，有些則不然。舊金山南范尼斯（South Van Ness）有間法國餐廳供應烤全鴨，上面覆蓋著鴨子造型的錫箔。那個鴨子造型的錫箔供不應求：如果餐廳有兩桌客人同時點烤全鴨，其中一桌的客人必須等到錫箔蓋被拿下，才能用在另一桌點的烤全鴨上。如果有三桌客人同時點鴨肉——那就是災難一場。到另一家餐廳時，我們把身體靠在窗簾上，結果窗簾桿掉下來砸到我們的頭上。

我們去很多餐廳，去了兩家北灘大受歡迎的老牌義大利餐廳凡奈西（Vanessi's）和托瑪索（Tommaso's），去托斯卡喝雞尾酒，還去了勃根地（La Bourgogne）。有些餐廳很昂貴，像是勃根地——我總是得存錢去吃。勃根地餐廳的柑曼怡舒芙蕾，四周淋上英式蛋奶醬，精緻到不行——我對它印象深刻，而且被它說服了，決定我開的餐廳一定要提供舒芙蕾。服務生端著蓬蓬的舒芙蕾走到桌邊，舀一匙完美的舒芙蕾，輕柔地放進我的盤子裡，然後把英式蛋奶醬倒在上面。那真是人間美味。

有些餐廳一點也不豪華。在華埠的悅利餐廳（Yuet Lee），我們點椒鹽魷魚——而在托瑪索餐廳，我喜歡大蒜披薩。我超愛大蒜披薩，那可能是我第一次真正注意到並欣賞大蒜。對我來說，大蒜披薩像是某種味道的匯集——大蒜的風味讓我想到那些用柴燒窯製作、無比美好的食物味道。

各位現在已經知道，從一九七六年舉辦一年一度的巴士底日大蒜節以來，大蒜就成了帕尼斯之家的一大執迷。在那之後，我們餐廳使用的大蒜比以往多更多。但最重要的東西，是意識。我

---

1 譯注：此俗語最早應起源自印度。

們學到不能花一整晚時間提前把大蒜全部切碎——必須一邊切一邊用，這樣大蒜才不會氧化。還有，大蒜的味道越濃，烹煮的時間就要越長——通常，大蒜的味道在耶誕節、一月和二月左右最濃。你必須把每顆蒜米中間的小綠芽挑出來，因為那可能會變苦。我們還學到，大蒜一旦燒焦或變褐色就變質了。如果有餐廳的大蒜做壞了，我立刻就能分辨出來。

我們還學到，大蒜不只有紙張質地的白色蒜頭部分可食用。在大蒜生長時，我們會把一整排的苗葉疏掉，好讓蒜頭成熟並長大，但那些被拔掉的蒜薹也很美味。我們在春天用被拔下的蒜薹嘗試做一道湯。我喜歡那道湯品的味道——它非常純淨，有一種相當溫和的味道。我們用馬鈴薯搭配蒜薹做這道湯，甚至會燉一些它綠色的頂部當作裝飾。大蒜就要有那樣的味道。不過，那個味道很罕見。我想這道湯是我們自己發明的——我不記得有找食譜參考，不過市面上也已經有各式各樣類似的食譜了。我只知道，我們喜歡那個獨特的口味。詹姆斯．比爾德初次光顧帕尼斯之家時，我們為他做了這道湯。那是帕尼斯之家的開業早期，我們在菜單上稱之為嫩蒜。詹姆斯語帶加強地說：「它不叫嫩蒜——它是蒜薹！」他非常了解關於大蒜的一切。

．．．

這些餐廳都和我在家下廚的做法不一樣，也沒有哪間餐廳長得像我夢想中的餐廳。我在腦袋裡做關於餐廳的筆記，編纂一個資料庫：服務生的穿著、對待顧客的方式、光線的亮度、牆壁油漆的顏色。這不單單是食物的問題——我想弄清楚餐廳的經營面。當時，我認為完美的規模是四十個座位，用餐空間的盡頭有一個酒吧，就像法國的家庭小餐館一樣。我想要牆上有鏡子，以及像瑪亭家那樣的金黃色光線；此外，我想要用格紋桌布、真正的亞麻餐巾，以及可以放常備餐巾的收納格，就像在巴黎一樣。

波利納斯（Bolinas）的吉布森之家（Gibson House）是我最愛的餐廳。餐廳開在一棟維多利亞式的老房子裡，屋子被橘色和黃色的旱金蓮覆蓋——我喜歡那樣的感覺。餐廳老闆是一位女士，她在牆上掛復古二手拼布被，想當然爾，這引起了我和瑪亭的興趣。他們還有一道香橙鴨肉，盤子裡用同樣的旱金蓮裝飾。我心想，**這是什麼？**這是我頭一次在一盤食物裡看到可食用的花。然後沒有錫箔，謝天謝地。

那時的我們常去波利納斯，克勞德、瑪亭、湯姆和我——我們會在週日開著我們那台紅色小彗星（Comet），[2]沿著海岸線的一號高速公路或法蘭西斯·德瑞克爵士大道（Sir Francis Drake Boulevard）行駛，直到抵達波利納斯潟湖，和通往鎮上的無標記岔路。湯姆認識一些住在波利納斯的詩人，他們是紐約詩社逃到西岸的一群人：泰德·貝里根（Ted Berrigan）、喬安·凱格（Joanne

2 譯注：水星汽車（Mercury）的車款之一。

加州波利納斯的吉布森之家。

（Photo courtesy of Elia Haworth）

Kyger）、比爾・伯克森（Bill Berkson）和湯姆・克拉克（Tom Clark）。湯姆做著他平常做的事情，談論人們需要讀的書，以及放映電影。波利納斯是一個激進的小社區，也是一個真正的文化圈，住著逃離城市、回歸土地的作家和知識分子。我們會到波利納斯採黑莓，在溪流中尋找水田芥——這就像是文明早期的野外採集。採漿果是瑪亭促成的；她注意到窗外的漿果，激勵我們出去採集，然後把黑莓製作成果醬。

在那之後，我最少有二十五年沒有回到波利納斯——我忙著經營餐廳。但在一九九〇年代中期，友人蘇西邀請我去她位於波利納斯的家時，我重新發現了波利納斯的美好。我好高興發現絕大部分六〇年代存在於波利納斯的事物，當時仍然存在——現在也是！感謝六〇年代的環保主義者，他們將波利納斯周圍的整個海岸線變成了一系列的國家公園和流域，從馬林海岬（Marin headlands）和穆爾紅木森林國家公園（Muir Woods）到雷斯岬國家海岸公園（Point Reyes National Seashore）。在距離舊金山僅四十五分鐘路程的地方，卻能感覺置身荒野。波利納斯的人口永遠不會增加，因為官員們說，「這裡只能建造這麼多房子，不能再蓋新的了」。這和水權及保護地下水位有關。受到保護的海岸線真是一份大禮——他們真的是為孩子的未來著想。如今我在波利納斯找到慰藉——它是我的避難所。我的朋友蘇西和馬克每年都讓我住在他們的房子裡。多麼棒的禮物。每年八月女兒生日時，我仍然和女兒一起在波利納斯採黑莓，製作果醬。

．．．

有一次，湯姆帶我去柏克萊山上的一棟房子，某種宗教信仰的公社，我們被邀請到那裡吃晚餐。所有當時知名的古魯（guru）都在場，湯姆的前女友戴安娜（Diana）參與了名為「啟示的根基」（Foundation of Revelation）的新世紀宗教。戴安娜是古魯奇蘭吉瓦（Chiranjiva）的八位妻子之一，外表也很符合這個角色：金色長髮，桃色長袍。晚餐時，他們端來煮過頭的整根胡蘿蔔，連皮都沒削。我看了覺得倒胃口。這太不法國了。我心想，**野蠻人！帶皮的胡蘿蔔！**我當然知道這樣更營養，但哪有人吃胡蘿蔔不削皮的！湯姆和我都同意這是個奇怪的地方。

．．．

大約在那個時候，湯姆去巴黎探望他的電影人朋友，我也跟著去，因為我想到巴黎的餐廳用餐，擴大我的餐廳經營研究。前往法國途中，我們在紐約短暫停留。出於某些原因，我們去了布魯克林，從聖喬治飯店（St. George Hotel）裡的地鐵出口出來——活脫是走進了第一部《教父》（*Godfather*）電影的拍攝場地！我們遇到法蘭西斯．柯波拉，當時他大抵還默默無聞——湯姆幾年前就和他成了朋友（一點也不令人意外），當時法蘭西斯來舊金山和喬治．盧卡斯一起創辦製片公司「美國西洋鏡」（American Zoetrope），但那時候我不知道他是何方神聖。法蘭西斯很高興見到湯姆，和我們小聊了幾分鐘，說他認為自己就要從正在執導的義大利黑手黨電影被解雇了。直到一九七二年《教父》上映，成為經典，我才意識到我們當初巧遇了什麼人。

湯姆後來以特別專案製片人的身分為法蘭西斯工作，於是我也認識了法蘭西斯和他的太太愛莉（Ellie）。我有點怕他——他是不折不扣的導演，聲音洪亮，總是心事重重，老是在想東想西。不過，他喜歡下廚，我們因為喜歡下廚而變熟。但我立刻覺得和他的太太愛莉很親近——她和我一樣有愛爾蘭的家族背景，身材跟我差不多嬌小，而且很好相處。

法蘭西斯在菲爾莫爾（Fillmore）有一棟很大的維多利亞式老宅，樓下有一間完整的電影院，後院還有一個游泳池。他會一邊吃披薩或義大利麵一邊滔滔不絕。我在那裡和尚皮耶．戈罕學會喝龍舌蘭酒。他切檸檬片，在檸檬片上塗一半的糖和一半的咖啡粉。乾掉一口龍舌蘭後，趕緊把檸檬放進嘴裡。在嘗到任何味道之前，你就直奔月球了。

．．．

當我們抵達巴黎時，湯姆和我直接前往法國電影資料館（Cinémathèque Française），這是一間赫赫有名的大型電影檔案館，收集並保存世界各地所有著名的電影。法國電影資料館孵化了法國新浪潮——一九五〇年代，高達和楚浮在那裡自學電影，而法國電影資料館幫助他們成為評論家。我們在那裡遇到亨利・朗格瓦（Henri Langlois），他是電影資料館的傳奇創始人，也是湯姆心目中的偉大英雄之一。法國政府在一九六八年解雇了朗格瓦，由於電影對法國文化至關重要，這導致巴黎爆發大規模街頭抗議，直到他被復職。法國電影資料館經常放映精采電影，不分日夜，時時刻刻——像是尚・雷諾瓦（Jean Renoir）、謝爾蓋・艾森斯坦（Sergei Eisenstein）或路易斯・布紐爾（Luis Buñuel）的作品；我好想住在資料館隔壁。

我們住在湯姆的朋友帕斯卡・歐畢耶（Pascal Aubier，也是導演）的公寓裡。他住在花街一號（1 Rue de Fleurus），就在葛楚・史坦（Gertrude Stein）曾經住過的地方對面，靠近盧森堡公園（Luxembourg Gardens）。我們和湯姆的電影圈朋友一起到拉丁區的便宜小店吃飯。這群人裡頭有幾個美食家，但多數時候我們在令人吃了會後悔的地方用餐。其中有一間令人吃驚，因為它的外觀非常迷人，有粉紅窗簾和桌布，還有擺滿漂亮陶罐的櫃子，幾乎就像是伊麗莎白・大衛的店——所有的裝飾都拿捏得恰到好處。但食物做得實在不好：濕軟的薯條、不像我大學之旅記憶中那樣新鮮的淡菜。我們這趟去巴黎的餐廳運都很糟。有一個地方的食物糟到我們偷了一把銅鍋作為報仇（一把小的銅鍋）。

但我們的食物體驗並非一無是處。我帶湯姆去「E・德希勒林」（E. Dehillerin），這是在巴黎大堂市場（Les Halles）附近的一間厲害老店，專賣餐廳設備。一九六五年，莎拉和我在法國時發現了它。那間店助長了我對餐廳和擁有各式各樣銅鍋的廚房的幻想。它應有盡有：我對在《拉魯斯美食百科》裡看到的所有特殊設備與工具嘖嘖稱奇。當我們在那裡時，我也潛入位於巴黎市中心重要的巴黎大堂市場，這裡生氣勃勃、熱鬧繁忙，你會偶遇供應商，擋到裝滿屠宰牲畜的推車。用牛奶餵養的小牛掛在大鉤子上，大魚靜置在冰上，還有成堆的蔬菜和起司。這個市場是很多巴黎人的安全網，因為每天收攤時剩下的食物都會被分送出去。那是我最後一次去原來的巴黎大堂——一九七一年，也就是我們開帕尼斯之家的那一年，舊市場被拆除，食品市場搬到巴黎郊外的機場附近，攤位以國際供應商為優先。巴黎周邊的有機小農因此被邊緣化。

我們也初訪里歐奈・普瓦蘭（Lionel Poilâne）在巴黎的麵包店，在那裡吃了一個魯邦種麵包。那時的普瓦蘭已經出名了。我們去的是巴黎**創始店**，位於謝爾什米迪街（Rue du Cherche-Midi）。魯邦種看起來棒極了——一大顆的硬皮麵包，味道也很棒，是一款具有酵母特色、非常細緻的酸麵團。這間麵包店的一切都獨一無二，因為里歐奈把傳統的法國麵包做得無與倫比。他精進自己使用的麵粉、水、酵母和烤窯使用的木材種類，這一切都造就了麵包的風味。我相信，在某種程度上，我們今天在美國吃到的好麵包，都來自里歐奈做出的美麗魯邦種大麵包。我想不到有哪個會做真正美味麵包的人，本來不知道普瓦蘭的魯邦種麵包。

回國前，湯姆和我去巴黎郊外拜訪安妮・華達（Agnès Varda）和傑克・德米（Jacques

Demy）。安妮和傑克是夫妻，而且兩人都是導演——她是《我的嬉皮叔叔》（*Uncle Yanco*）的導演，他則是凱瑟琳·德納芙（Catherine Deneuve）主演的《秋水伊人》（*The Umbrellas of Cherbourg*）的導演。當時他們倆經常來加州，積極參與美國的反主流文化，我想是因為他們對法國地下文化的發展感到失望。安妮剛拍了一部關於黑豹黨（Black Panthers）領袖休伊·牛頓（Huey Newton）的短片。當時，傑克和安妮住在羅亞爾河地區大區（*Pays de la Loire*）海岸外的島嶼努瓦爾穆捷昂利勒（Noirmoutier-en-l'Île）。我們留宿在他們住的風車老磨坊裡。某天晚上，傑克·德米的母親來訪，為我們做了白醬燉小牛肉（*blanquette de veau*），一道非常經典的法式燉菜，搭配些許羅亞爾河谷的白酒和清爽醬汁。燉肉的肉質軟嫩——法國的小牛肉完全是不同的等級。她使用自家菜園裡的小白洋蔥，並以剛收成的小馬鈴薯佐餐。

湯姆後來於一九七二年創辦特柳賴德影展（Telluride Film Festival）。他的好朋友比爾和史黛拉·彭斯（Bill and Stella Pence）住在特柳賴德，他們想做一些能活絡鎮上經濟的事。他們全都熱愛電影，於是決定每年的勞動節假期在鎮上舉辦電影節。特柳賴德位於科羅拉多州的山上，我初次拜訪時就覺得此地非常迷人：建於一八七〇年代，是個開採金銀礦的營地，這個小鎮位於一座險峽谷內，被巨大的紅色岩石山脈環繞。九月，白楊變色，天空湛藍，雲朵白皙，遍地的野生雞油菌，令人屏息凝神，美不勝收。（特柳賴德如今正式成為慢食城市〔Slow Food city〕，而且擁有很棒的農夫市集。）

起初，尚皮耶·戈罕和所有湯姆的朋友都來參加，我們聚集在鎮裡的舍里登酒吧（Sheridan Bar）閒聊。湯姆知道我很喜歡老電影，所以我的工作是招待那些出席的老電影明星：薇奧拉·達納（Viola Dana）來了，葛洛麗亞·史旺森（Gloria Swanson）來了，還有一次，法國電影導演阿貝爾·岡斯（Abel Gance）也來了——他當時九十四歲。主要大街上一台車都沒有，阿貝爾·岡斯戴著他的大牛仔帽，在街道中央來回走動。我肅然起敬。影展在露天戲院放映他經典的一九二七年分割畫面默片《拿破崙》（*Napoléon*），並以現場管弦樂隊演奏柯波拉的父親卡邁·柯波拉（Carmine Coppola）的配樂。那感覺彷彿回到了過去。

有一年，湯姆同時邀請俄羅斯和中國的電影人，然後在公園裡為他們安排了一場辯論大會。湯姆從未停止以一種讓人們能互相欣賞並建立關係的方式凝聚人心。他讓我看到，在壯麗的自然風光和年輕電影人同志情誼的圍繞下，人們在科羅拉多州山區展現出不一樣的待人處世之道。

我真的很愛影展。我一直覺得，也許晚年的時候，我可以從一個影展遊蕩到另一個影展。（我指望自己還耳聰目明！）這是我脫離現實的一種方式——我會變得非常入戲，電影把我從我的生活中帶走。電影給我啟發，使我成長。美食和電影是我這輩子的兩大嗜好。尤其是一九三〇年代的黑白電影！我每晚都會看特納經典電影頻道（Turner Classic Movies）——如果我心情很差，一天會看三部。要是沒有特納經典電影頻道，我真不知道我會怎麼樣。看電影讓我釋放能量，幫助我減壓——就像心理治療一樣。完全沉浸在電影裡。我多數的生活資訊都是看電影學來的——真的，那就是我的學習方式。

11

風土

（Photo courtesy of Gail Skoff）

從理察・奧爾尼的酒窖走出來、滿臉笑容的克米特・林區。
是林區告訴我，想要認識葡萄酒，就得去葡萄園走走。

Terroir

到了一九七〇年，我把所有時間都用來勘查柏克萊周邊一帶，尋找開餐廳的地點。但我主要看的是商業建築——有一個位於學院大道（College Avenue）和惡魔島大道（Alcatraz Avenue），一個位於克萊蒙特酒店對街、傑克遜酒品專賣店（Jackson Liquors）隔壁。沒有一個令我心動——它們幾乎沒有窗戶，也沒有特色。我差一點就想自問，**我這是在做什麼？**但後來我找到熱門學生聚集地「地中海咖啡館」（Caffe Mediterraneum）後面的一個空間，就在校區旁邊的電報大道上；有一條和電報大道平行的小巷，通往後方的一棟小磚樓。當我在巷子裡看到出租看板時，我心想，**噢，太好了。這裡可以做可麗餅店**。我完全可以想像那裡有一間小餐館：一個樸素的小地方，供應傳統的蕎麥可麗餅和蘋果汁。

我知道如何做可麗餅，而且很享受做可麗餅。它們有一種美麗的即刻性，就像新鮮的墨西哥薄餅或印度脆球一樣，要馬上製作，馬上出餐。給人一種美妙的現點現做感。我想像店面蔓延到巷道上，擺幾張戶外餐桌，我的朋友們聚在一起，在吧臺點蘋果汁，吃可麗餅。這是我的第一個具體的憧憬——但想也知道，我需要投資人，而這就代表我需要一份商業計畫書。

我的朋友哈利．魏寧格（Harry Weininger）是我唯一的商人朋友（他經營一間位於大衛的印刷店對面的地毯店），於是我問哈利能不能幫我想想商業計畫。他看了這個空間一眼，然後說：「愛莉絲，你在這裡賣可麗餅永遠、永遠、永遠賺不到錢。」他告訴我，你不可能靠可麗餅賺到夠多的錢，因為可麗餅太便宜了。況且我想要一個可以讓人們坐下來殺時間和聊天的環境——這樣就不會有翻桌率可言！我打算賣一個不賺錢的東西，然後請客人留下來，永遠不要離開——這就是我的商業敏銳度。

至於蘋果汁，我想進口我和莎拉去布列塔尼（Brittany）和諾曼第（Normandy）時喜歡上的蘋果汁。直到研究如何進口時，我才發現它是蘋果酒，而不是普通的蘋果汁。不知道為什麼，我喝的時候從未發現它含有酒精。難怪我這麼喜歡。難怪莎拉和我吃完午餐總是會睡著。

蘋果酒不是我唯一需要自己去學習認識的飲品。我在法國喝了很多葡萄酒，但直到開始探索舊金山的葡萄酒店之前，我對葡萄酒的了解不深。不消說，我只想要法國的葡萄酒，但灣區的超市只有灣堤兄弟（Wente Brothers）和愛馬登（Almaden）之類的大罐裝餐酒。因此我花很多時間在葡萄酒店閒逛，這也有點像在法國的感覺。我其實不知道自己在尋找什麼，但我對葡萄酒的一切都很好奇。

我就是這樣認識了保羅．德雷伯（Paul Draper），他在艾斯奎因進口公司（Esquin Imports）工作，艾斯奎因是舊金山市中心的一間葡萄酒店，成立於一九五一年。艾斯奎因就像一間葡萄酒圖書館：又高又窄的架子，葡萄酒一路堆到天花板。保羅和我很快就變成朋友——他是最出色、最英俊的葡萄酒達人，幾年後，他開了自己的釀酒廠「瑞脊酒莊」（Ridge Winery）。我和保羅一起在店裡探索，看每一支酒，然後他會跟我說它們的故事，為我選酒——他樂見我對法國葡萄酒感興趣。

大約同一個時候，我認識了克米特・林區（Kermit Lynch）。他是搖滾樂手，也是聲名狼藉的在地地下報《柏克萊刺語》（*Berkeley Barb*，湯姆當時是該報的影評）的業務，當時的他剛開始進口法國葡萄酒。不久後，他在柏克萊的聖帕布羅大道（San Pablo Avenue）開了一家法國葡萄酒店，我們的交情變得很好。想當然爾，他也是法國迷。我們會到他店面隔壁一間價格實惠的小餐館「普埃布拉的亞洲姑娘」（La China Poblana）吃午餐。我會看著窗外對街一家不起眼的甜甜圈店，心想，**我們正在享用最美味的午餐和最美味的葡萄酒，但這頓飯的價錢幾乎和去那家店吃甜甜圈相同。我和克米特在這兒優雅的用餐，但對街的甜甜圈店卻是另一個世界。**這使我想要誘拐人們遠離柏克萊四周發展起來的速食連鎖店。

克米特教我所有關於風土的知識，在正確的地方，種植正確的葡萄品種，然後儘可能不去干擾釀酒的過程。風土的重點在於讓葡萄充分發揮，展現出產地的特色，不試圖透過混合葡萄去操縱葡萄酒的風味。重點在於讓原料說話。這個想法也影響我後來對於有機耕作的思考。風土的重點不是只在於追求珍稀葡萄酒。克米特總是試圖尋找價格合理、工序可靠的地方特色葡萄酒，而不是一些我負擔不起的昂貴葡萄酒。

克米特很早就告訴我，想要認識葡萄酒就要去葡萄園。真的是這樣。如果我有一所烹飪學校，我也會做同樣的事情：我會要求每個人在菜園待六個月，不做飯——只是待在菜園裡，和農夫一起種植和收成。接著，第二階段是進到室內，觀察並學習關於蔬菜的知識。第三階段才是製作要端上桌的料理。葡萄酒也是一樣。最好的學習方法就是參與葡萄的收成，在葡萄被放入酒桶時觀察它，聞它的味道，看葡萄被壓碎的情況，品嘗味道的變化，注意葡萄酒如何成熟，密切地追蹤。

多年下來，我在很多葡萄園親眼見證這個過程很多次，但丹碧園酒莊一直是我覺得最特別的一個。克米特就是露露和呂西安．佩羅（Lucien Peyraud）葡萄酒的進口商，隨著時間過去，我彷彿成了他們家族的一員。我喝他們的丹碧園粉紅酒喝了一輩子。丹碧園在每次葡萄收成的尾聲，都會在戶外藤蔓棚架底下擺起至少有二十個座位的長桌，邀請所有幫忙採收葡萄的人坐下來喝馬賽魚湯當作慶祝。我們總是先品嘗當前年份的葡萄酒，然後再回過頭去品嘗陳年的葡萄酒。這是一個重要的儀式：置身在土地上，品飲身旁觸手可及的葡萄所釀成的葡萄酒。

我永遠會記得一九七〇年代末，我和瑪麗昂．坎寧安和江孫芸（Cecilia Jiang）到勃根地旅行的那一次。江孫芸是舊金山福祿壽餐廳（Mandarin Restaurant）的老闆，是我所知經營餐廳有成的少數女性之一。瑪麗昂和江孫芸，她們倆是我的好夥伴——我當時二十多歲，她們則是五十歲出頭，所以她們感覺就像我的大姊姊一樣。某個下午，我們在勃根地一家非常豪華的三星餐廳「白媽媽之家」（Chez la Mère Blanc）吃飯。美饌佳釀，就我們三個人。

剛開始用餐時，服務生走上前準備幫我們倒香檳，瑪麗昂用她獨特的、任性的口吻說：「不要香檳。我想來一杯咖啡！」直接用英文這樣跟服務生說。

我尷尬極了，我說：「瑪麗昂，你不能點咖啡。」

「但我想要一杯咖啡，愛莉絲！」她回答道。瑪麗昂是酒精成癮者，不能喝酒，所以我當然沒有要她真的喝香檳——我只是想要她接受他們倒的香檳，顧一下面子。就連江孫芸也跳進來淌渾水——她通常都置身事外，但這次她站在我這邊。

瑪麗昂還是堅持要喝咖啡。我因為超級羞愧，出於彌補心態，午餐時一下喝了太多。餐後我高聲說：「我們去參觀生產這款酒的葡萄園吧！」它產自于貝爾．德蒙蒂（Hubert de Montille）的葡萄園「德蒙蒂酒莊」（Domaine de Montille）；于貝爾把他的酒賣給克米特，我認為他們的沃爾奈（Volnay）絕頂美味。克米特鼓勵我到勃根地時去拜訪于貝爾，儘管我們素昧平生，而且沒有事先知會他。想當然爾，瑪麗昂是司機，因為她是唯一沒喝酒的人，於是我們徑直驅車前往葡萄園，按下大門的門鈴，然後我高喊：「我是克米特．林區的朋友！我們剛剛喝了你的酒！」

于貝爾．德蒙蒂來到門口讓我們進去，臉上塗著刮鬍膏，手握刮鬍刀，宛如法國老電影裡的角色。我不知道他看到的我們是什麼樣子：一個漂亮的中國女人和兩個美國人，一個很高，一個很矮，不請自來。但他認識克米特，所以他親切地說：「我帶你們去洞穴裡品酒。」瑪麗昂此時已經快要到極限了——在漫長的午餐時間喝酒後，我們還要喝更多？于貝爾洗掉刮鬍膏，帶我們進洞穴。

此時的我真的有點醉了。但于貝爾說：「我們嘗嘗這些酒吧！這些都嘗嘗！」於是，想當然爾，我們真的全都嘗了。一支接著一支，江孫芸的風味辨識力很強——她不知道任何一瓶酒的名字，但她還是能嘗出每一種葡萄酒之間的區別，哪一支是年份較老的，哪一支是年份較新的，所有的細微差別，所有的一切。于貝爾對她的味覺印象深刻，他說：「我回洞穴裡拿『五三年』出來！」喝到這個時候，我如果再多喝一口就要倒地不起了。我不知道五三年喝起來怎麼樣，一點也不知道。

從頭到尾，瑪麗昂都和藹可親，讓我們可以去品酒。我有一張後來我在葡萄園散步的照片——我穿一件至今還留著的繡花夏季直筒洋裝，腳穿木屐，頭髮編成辮子，固定在後腦勺。喝完葡萄酒後，我覺得我必須考察這片土地。當時的我可能還沒有能力品評葡萄酒的味道，但走在葡萄藤間令我感到開心；當你能具體地感受到時間和空間，而且你也了解釀酒師的精神時，葡萄酒的風味就會變得鮮活起來。

・・・

我很常想起一九六五年旅途中發現的一家餐廳，這家餐廳位於巴黎大堂市場對街，名為「在豬腳下」（Au Pied de Cochon）。在室外，他們賣外帶牡蠣；室內一樓，顧客可以站在酒吧享用今日特餐——一杯酒、一份洋蔥湯、一份白醬燉小牛肉。或者，你可以上樓，在鋪有白色桌布的餐桌前享用一頓優雅的晚餐。我心想，**這個做法很棒：這是一家食舖，一家咖啡館，一家餐廳**。但我不認為我有能力應付單點式（à la carte）的晚餐菜單。提供單點菜單時，需要準備更多備用食材，因為你不知道客人會點什麼。我希望每晚的食物都鮮活完美，而且我不想把食材保存過夜。所以我想，**我們就提供一個固定價格的晚餐菜單就好，菜單每天更換，就像巴黎的巷弄家庭餐廳一樣**。

我必須說，我因為哈利對可麗餅店的評價感到洩氣。我想開一家規模小且管理容易的餐廳，而且我知道我做得了那樣的可麗餅店，但可麗餅已經不是選項了。我們持續尋找比我認為能獨自應付要大得多的建築物。直到開始考慮簽租約和籌集資金開業之前，我並不緊張。我直直走到我的夢想門口，看向門檻的另一端，知道它即將成為現實。突然間，我意識到，這可能大過我以為可以全部自己來的規模。我開始臨陣退縮——**我要去哪裡籌錢？有誰能幫我一起經營？**這一切比我當初設想的可麗餅小舖大太多了。

我和湯姆交往時，很少去找查爾斯和琳賽——我有時會去拜訪，但從來沒有和湯姆一起去。我和大衛決定不結婚後，我們的四人行，查爾斯和琳賽、大衛和我，就瓦解了。他們和大衛是**非常要好**的朋友，而且住在城的另一邊，所以我們不像以前那樣經常聚會。但我們仍然很要好。一九七〇年，當開餐廳的對話變得認真時，**我就知道**我會和琳賽一起開這家餐廳。**她不知道，但我知道！**不過，我真的認為時間點對她來說很好——她花了十年撫養他們的三個孩子，而且查爾斯非常支持她重返職場。

我完全不記得我最終怎麼說服琳賽加入的，她也不記得；我有拉人一起做事的天分，我猜想她從來沒有真正說過不。琳賽有一種非常經典的審美，我知道我想要餐廳裡有她的美學，無論它實際上會是什麼樣子。她按照流傳幾個世紀的方式製作水果餡餅，沒有把食譜變得現代，而是一絲不苟地如法炮製巴黎人的方法——那裡的水果餡餅就像從畫裡端出來的。

我還在找另一個能下廚的人——**我太害怕了**，不敢自己承擔所有的料理工作。琳賽是超棒的烘培師傅和家庭廚師，但她不知道自己即將面臨的挑戰——她用小烤箱烤餡餅，一次做兩個。我們倆對於成為一個餐廳的廚師沒有任何概念——我們怎麼可能知道？我們甚至不知道我們有什麼不知道的事。我越來越緊張，於是超級牽線人湯姆說：「噢，我會幫你找到人的！」他明白我需要一個本領高強的合作夥伴，於是他找來了保羅．阿拉托（Paul Aratow），一位雄心勃勃的電影人，也是安妮．華達的黑豹黨紀錄片的攝影師。保羅是非常出色的義大利廚師，而他確實幫助了我。我相信他的直覺。

湯姆帶著我去保羅家，他會做飯給我們吃。我對保羅有一整套銅鍋感到印象深刻，不只是小平底鍋，還有用來熬湯的大鍋，而且他以手工製作義大利麵。奶醬義大利麵（Pasta alfredo）是他的拿手菜，他的義大利燉飯也好吃。我試了義大利燉飯，立刻就信任他了。保羅不是專業人士，但我認為他烹飪的品味很好。他滔滔不絕地說他會肩負起我們即將開業的餐廳的大部分烹飪工作。這正是我想要的；我很清楚我想要做什麼菜，但我不認為我能自己執行一切。經營餐廳還有很多其他的面向也令我感興趣。我知道我擅長招待，帶客人們到餐桌入座，把桌子妝點得很漂亮——這部分我倒是不擔心。但我不知道我是否真的可以做全職的廚房工作。這就是為八個人下廚和為一百個人下廚的差別。這點使我感到非常的不知所措，保羅則是自信滿滿：「我可以的。絕對可以的。**沒問題！**」他對所有事情的反應都是這樣的：「別擔心！咱們去餐飲設備批發店，開始買鍋子吧！」（不得不稱讚一下，保羅通常是為這些瘋狂購物買單的人。如果只有我自己開店，我可能會試圖到跳蚤市場搜羅所有的烹飪用品。）

當我終於快要開一間夢想多年的餐廳時，我卻選擇不待在廚房裡，旁人看了一定覺得很奇怪。但儘管我最初擔任服務生，我總是把整個餐廳視為一體。這樣一來，我在哪裡就不重要了，因為我的精神一直都在廚房裡——在我的腦袋裡，我從來沒有**不在**廚房裡。餐廳的動力來自對食物的微調，而我密切參與其中。我總是對能夠把食物變成理想的樣子的廚師抱持莫大敬意，他們永遠挑戰極限、自我審視，和我一樣無時無刻不在思考食物。後來，在傑芮邁亞・陶爾擔任帕尼斯之家的主廚時，我便認為這是我和他產生連結的部分原因——我們都不停尋找更好的食材、更好的技術、更好的菜單設計。即使在我當服務生時，我也在想餐點的每一部分是誰做的，顧客對食物的反應如何，用餐區給人的感覺如何——因為當一切都完美到位，魔法就會發生。我的角色不完全是行政主廚——而是更像電影導演。我知道我想選誰來當負責烤肉叉的廚師，誰應該扮演調味師，誰適合扮演在門口歡迎客人的主人。

保羅‧阿拉托對這家餐廳的願景比我還要宏大。他將我的想法渲染擴大，想做像圓頂餐廳（La Coupole）那樣的形式。圓頂餐廳是位於巴黎蒙帕納斯（Montparnasse）的一間超大型餐館，全天候營業。**所有人**都去圓頂餐廳，電影人、藝術家、電影明星——這是那種，人們之所以來此，是為了被人看見的地方，我確信保羅也想要那種氛圍。保羅希望餐廳的營業時間是早上七點到凌晨兩點，每週七天。當他人擁有這般信心時，你會被他們帶著走——而在那個特定的時刻，我沒有任何自信。他對餐廳的願景，說穿了就是服務所有的人，而我被捲入其中。

打從一開始，我想像的頂多就是一個容納四十人的小餐廳，就像奎斯特那樣。一人廚房的經營模式對我來說是可以理解的。但當保羅和我談論起巴黎的那些餐廳，我情不自禁地做起那個美夢。我覺得，**我們的確需要一間供應早餐和午餐而且會營業到深夜的咖啡館，我們的確需要一個露臺，我們的確需要這個，我們的確需要那個**。我再度被別人的熱情吞沒——而且有別人帶頭讓我鬆了一口氣。我從未放棄的部分，是每天換菜色的固定價格晚餐菜單。這就是我想要的，沒得商量。幸好我有堅持這一點，因為這成了帕尼斯之家的招牌標誌。

那個時候，我們甚至不知道要去哪裡採購食材——我們沒有討論到這部分。食物來源不是當時的我們擔心的事。我們不假思索地認為，我們會向舊金山其他法式餐廳使用的食品批發商訂購，然後理所當然會拿到優質的原料。我天真地以為只要我們追隨勃根地這些優秀的法式餐廳的腳步，按照他們的系統採購原料，所有食材都會很美味。（我有很多東西要學——他們從歐洲進口多佛鰈魚，從波爾多進口鵝肝。）我堅持的是簡單。我最追求的是味道。

我始終深信，只要我們做出非常美味的食物，人們就會想來用餐。餐點必須好吃，和我腦袋想像的味道一樣，這點是沒得商量的。味道才是贏得人心的關鍵——我確信這點。我當時並不知道，我所追求的**超級**美味源自做對的事情的有機農民供應的原料，源自農民照顧土地並種植滋味美好的祖傳品種水果蔬菜，然後在最適合食用的時候採摘。在接下來的幾年，尋味之路將引領我去拜訪那些有機農民。我現在相信，百分之九十的滋味來自理解應該在什麼地方種什麼種子、怎麼照顧植物、什麼時候採收，以及多快把它吃掉。

我最近在思考波爾多葡萄酒，以及什麼是構成葡萄酒一級酒莊的要件，也就是一級園（Premier Cru）的分級。他們怎麼決定哪個葡萄酒值得被指名為最高等級？一切都和風土有關。如果將特定的葡萄品種種植在特定的山坡，並以特定的方式照料，就會得到卓越的結果。我想肯定有類似的桃子版一級園。桃子的風土，如果在對的地點，種植對的品種，它們就會長成最美味的桃子——就像八月份中央谷山麓大衛・增本（David Mas Masumoto）農場產的桑奎斯桃（Suncrest），或是布倫特伍德蛙空農場（Frog Hollow Farm）的歐亨利桃（O'Henry）。這是品種和風土，以及農民清楚知道採摘最佳時機的結合。從某些角度來看，這就像蒙特梭利：為每個獨特的男孩或女孩創造適合他們、能啟發創意且美麗的環境，然後他或她就會長成桑奎斯桃！或是歐亨利桃——或是費伊·埃爾伯塔桃（Fay Elberta）！

我覺得最有趣的部分是微氣候非常多，而有多少微氣候，就有多少品種。投入這個過程的農民計算著所有錯綜複雜的因素：「種在田裡東南角的那種草莓味道最好，所以明年我要在那個角落種更多那個品種的草莓。」國際慢食運動創始人卡洛·佩屈尼（Carlo Petrini）稱農民為土地的知識分子——當他們有正確的理解和心態時，他們幾乎是下意識地這樣做。我覺得烹飪和飲食的無窮魅力在於地球的生物多樣性。地球物產豐饒的深度。我永遠都不可能領會。沒有人可以。速食的悲劇就在於此——這個國家的一切都因速食而改變。我們想要可運輸性，我們想要全年供應，我們想要便宜的食物。當這一切全都實現，我們就什麼都不剩了——我們失去和大自然的聯繫，生存在一個空洞的地方，缺乏美和滋養。

事實是，我寧願餵養人們吸收這個觀念，而不是談論它。比爾·柯林頓（Bill Clinton）擔任總統時，我很想要他來帕尼斯之家，這樣我就可以在餐後給他一顆桃子。我很想要在對的時刻給他對的桃子；我希望這麼做能讓他注意到水果的完美狀態。我希望他被完美的桃子誘惑，感官被喚醒，然後覺得：「我從來沒有嘗過像這樣的東西！」我覺得如果柯林頓品嘗了完美的桃子，他就能被改變，無需言語就能了解風土、品種和生物多樣性——言語能傳達的太有限了。我想透過他所有的感官來觸動他。味覺是一種無比強烈的感覺——它比語言更深層。觸覺和嗅覺也是如此。如果人們所有的感官都斷線，很難和他們溝通。我唯一能知道某人是否真的在傾聽、是否真的理解的管道是他或她吃飯時。

諷刺的是：柯林頓自發性造訪餐廳的唯一一次，是在他擔任總統期間的某年八月初，對桑奎斯桃來說有點太早了。於是我給了他格拉文斯坦蘋果（Gravenstein）。但他不想吃蘋果——他想要黑莓冰淇淋。

· · ·

當我看到夏塔克大道一五一七號的房子在求售時，我立刻想，**噢，這裡是可行的**。我已經很熟悉這一帶了，它靠近以前大衛和我住的地方，和皮爺咖啡（Peet's Coffee）創始店以及起司盤合作社（Cheese Board Collective）在同一個街區。那個社區已經有人在賣優質的食物了，這點對我是很大的鼓舞。

鮑伯·瓦克斯（Bob Waks）、薩哈格和梅格·阿瓦迪西安（Sahag and Meg Avadisian）於一九六七年創辦了起司盤，比帕尼斯之家早四年開業——天啊，是的，我從最開始的時候就知道這間店了。我當時正在尋找真食物，而這家店就在大衛家附近，從皮爺咖啡創始店再走一條街就到了。起司盤是一間員工合作社，不起眼的歐洲起司店。在那裡工作的每個人都同薪同酬，我喜歡這點，這點最終說服了我，應該付每小時五美元的工資給餐廳裡的每個人。我很高興柏克萊這邊終於開了一家歐式起司店；我知道真正的小起司店是什麼樣子，因為我們曾經去過巴黎的每一家起司專賣店。就像巴黎的商店一樣，起司盤教我們所有人認識起司——你可以試吃少量樣品，從而了解不同的口味、質地和年齡。從它開門做生意的那一刻起，我所有的起司都在那兒買，而且它影響了我選擇夏塔克大道一五一七號的決定；我喜歡我們的餐廳有它作伴。

夏塔克大道一五一七號的樓房外觀很普通：是一間三〇年代的老水管行，門前擺放著各式各樣的管子，都是上一任屋主留下來的。但那是一棟房子！一棟兩層樓的房子，後面的小院子裡還有一個小平房。這是一個不尋常的選擇，但它令我想起波利納斯的吉布森之家。我心想，**我的天，也許我們真的可以開在一棟房子裡！**它開價三萬兩千美元。我完全不知道如何買下它，但我問房地產仲介我們可不可以拿到帶有購買選擇權的租約。我們最後就是這樣買下的：大約三年後，我們以兩萬八千美元的價格買下了它。拿到那份帶有購買選擇權的租約是我做過的最佳財務決定。如果必須支付租金，帕尼斯之家可能會倒閉——我們因為不用繳租金省下非常多。

我向所有認識的人借錢——格雷爾．馬庫斯（Greil Marcus，他是湯姆的樂評人在地朋友，我因為他擁有自己的房子對他印象深刻）、一些不知名的毒販、我的父母。我的父母提議抵押他們的房子借錢給我開餐廳。我很高興他們願意這麼做。我心想，假設一切都失敗了，我們可以賣掉餐廳所在的房子，這樣他們就可以拿回他們的錢。如此一來，我覺得自己冒的風險並沒有太大——至少我覺得不大。但是，當然啦，我也認為如果餐廳能夠開門，它絕對會成功。他們給我錢夏塔克大道 1517 號的外觀。

(Photo courtesy of Charles and Lindsey Shere)

時，他們一如既往地讓我感覺，如果這筆錢沒有回到他們身邊，就是沒有回來了，而那也沒關係。我對他們這麼做永遠心懷感激——不只是因為錢，而是因為知道我的父母對我有信心。

我向父母開口借錢由來已久。一九六五年在歐洲時，我寫給他們的每一封信都請他們寄給我二十美元。我厚顏無恥：「能給我錢坐船去阿姆斯特丹嗎？」或「能給我錢買一件新外套嗎？所有法國女人看起來都好時髦，而我看起來就像個俄羅斯移民。」諸如此類。

在一九六〇年代末和七〇年代初，和父母關係這麼親近是不尋常的事。多數年輕人似乎都和上一個世代關係疏遠。不過，誠如我前面提到的，我的母親一直都是個激進分子。一九七〇年，我的父母住在密西根州安娜堡（Ann Arbor），但他們非常渴望搬離中西部。我父親創辦了一間企業顧問公司「組織動力」（Organization Dynamics），而他的商業夥伴之一雷・邁爾斯（Ray Miles）就職於加州大學柏克萊分校，這就是他們最終搬到這裡的原因。但他們搬來的真正原因是我母親想要搬到這裡，熱切地想要搬到這裡。母親想要的東西，她幾乎總是能得到。她是個老左派，所以搬到柏克萊就像來到聖地麥加一樣。她從來沒有為此咄咄逼人，但她堅定不移。餐廳開業時，我的父母已經住在柏克萊山（Berkeley Hills），而且再也沒離開過。

母親也想要更靠近我和妹妹們蘿拉和蘇珊——這是他們來加州的另一個重要原因。餐廳籌劃期間，我的姊妹們都不在我身邊。艾倫和她的家人從越南歸國，住在中西部，而蘇珊和蘿拉雖然住在灣區，但身處於各自的不同軌道上，在那個時間點上，我們四個人感覺沒有太多共通之處。

但當時的我忙得不可開交，說實話，並沒有非常關注我的家人。在七〇年代，蘇珊和蘿拉都參與了反主流文化，但她們的選擇和我不一樣。我的選擇並沒有比她們好——她們的選擇只是和我不同罷了。她們沒有和我一樣投身參與政治。

蘿拉是回歸土地運動的一分子。她非常漂亮，有著瓊妮・蜜雪兒（Joni Mitchell）的棕色長髮和淡褐色眼睛，舉止可愛、溫柔。她是很棒的畫家，在加州大學洛杉磯分校主修藝術——她創作狂野的炭筆素描和油畫，譬如她自己（裸體！）和穿著牛仔裝的賈利・古柏（Gary Cooper）牽著手的真人大小肖像畫。但三年後，她不得不從大學退學搬回家裡，因為她得了肝炎，病得很重。康復後，她在一九六九年搬到柏克萊，和高中時的戀人約翰再續前緣，懷孕並嫁給了他。大概一兩年後，他們真的退學了。他們買下門多西諾（Mendocino）樹林深處裡的二十英畝地，自己鑿井，用回收木材蓋了自己的房子。她的麵包全都是用原料從頭做起的——她是優秀的自學廚師，自己耕種所有的蔬菜，養雞與蜜蜂，和鄰居以物易物交換其他必需品。而且上述一切全是在沒有電力的情況下實現的！他們仰賴土地維生、脫離電網生活了五年。

蘿拉總是被我到門多西諾拜訪過她一次的事實逗樂，那是在餐廳開業的一兩年後，那時我和她辯論了有機食品是否好過傳統食品的話題。蘿拉站在有機的陣營，但那時的我仍對此有所懷疑——我腦海裡出現消費者合作社賣的破爛有機蔬菜，既不美味，也不美觀。我理解有機農業的哲學，我知道有機農業對地球比較好，但那時的有機農產品，無論味道或外觀都還不好。

．．．

湯姆算是認識蘿拉，他也認識蘇珊——他稱蘇珊為「蘇伊」，這是我們兒時對她的暱稱。蘇珊是家裡真正的紅髮女郎，有濃密的捲髮、藍色的眼睛和飄逸的外貌。蘿拉悠閒自在，蘇珊則是比較外向一點。她從小就是披頭四迷——她在洛杉磯的房間貼滿了他們的海報，她愛他們四個人的熱情程度相等。她的樂觀主義和理想主義始終不渝；她對**你需要的是愛**這一反主流文化的精神產生共鳴，現在仍然如此。在我著手張羅餐廳的同時，蘇珊住在米爾谷（Mill Valley），當時那裡**非常**嬉皮。她浸淫在嬉皮文化裡，我們有一段時間沒怎麼見面。米爾谷是另一個世界，而我在灣區另一頭、屬於我自己的世界裡，準備開餐廳。

後來，蘇珊在帕尼斯之家工作了八年。她很有音樂天賦，彈得一手好鋼琴，而且身邊總是有音樂家朋友。她和一名音樂家有過一段跌跌撞撞的關係，對方是搖滾樂鼓手，我在一旁覺得很看不下去。有一天晚上，這名鼓手醉醺醺地出現在餐廳，讓她非常不開心。我對他對待我妹妹的方式大為光火。我把他帶出餐廳，然後一拳打向他的臉。我以前不曾揍過人，從那以後也再沒動手蘿拉、蘇珊、我與艾倫，照片約攝於 1970 年。

打人了。我知道暴力不是答案，從來都不是。但我當時在保護我的妹妹。

．．．

儘管我和我的姊妹們在餐廳籌畫期間沒怎麼見面，我們並沒有不和的感覺——我們是在某種悠哉的家庭氛圍裡長大的。我的父母從來不曾用對家庭的義務，讓我們感到束縛，這是一件美好的事。我的姊妹們或多或少也有一樣的感覺——我們彼此相愛，但如果我們不能每個耶誕節和感恩節都團聚，我們也不會感到內疚。這是和許多人截然不同的家庭哲學，也是一種令人感到自由自在的家庭哲學。我的父母總是給每個孩子這樣的訊息：「做你**喜歡**做的事。」知道自己可以創造不只一個家庭是很美好的事——你可以擁有你的原生家庭，也可以擁有由非常親密的朋友組成的後天家庭。我們能夠分道揚鑣選擇各自的家庭，是因為相信我們的父母彼此相愛，而且他們對我們四人的愛是等量的。那是世上最棒的禮物。

12 馬瑟・巴紐

Pagnol

巴紐的《馬呂斯》。我永遠感謝這部電影。

「愛莉絲，**這些**都是你會喜歡的電影。你**必須**用大銀幕看。」

湯姆常帶我去舊金山的衝浪戲院（Surf Theater）看電影，在日落區（Sunset district）的盡頭。這是一家獨立的社區電影院，由梅爾．諾維科夫（Mel Novikoff）經營，湯姆說他很會選片。去了幾次之後，我完全明白他的意思。我們去那裡看了很多電影，但對我來說最重要的是馬瑟．巴紐（Marcel Pagnol）的三部曲《馬呂斯》（*Marius*）、《芬妮》（*Fanny*）和《西塞》（*César*）。它們是一九三〇年代的長片，節奏非常緩慢；你這個晚上看一部，隔天晚上看第二部，再隔一晚看第三部。我們每天晚上都去衝浪戲院朝聖，然後回家途中從頭到尾都在談論電影。放映廳裡觀眾屈指可數，但瑪亭和克勞德與我們同行；他們以前看過這些電影。而且克勞德就像電影裡的人物一樣；他看起來幾乎像是出自舊電影海報插畫家的畫筆。此外，誠如巴紐電影裡的角色，克勞德是個享受生活、健談的人，說話時總是配著一杯飲料。想當然爾，瑪亭和克勞德都喜歡這些電影。

我立刻愛上這幾部片。在我們看了第一部的《馬呂斯》之後，我知道我隔天晚上一定會再光顧，毫無疑問。我記得自己為角色和他們的人生哭泣。我幾乎聽不懂法語，普羅旺斯法語就更不用說了，因此我必須看字幕——但這並不妨礙我欣賞電影。其中有搞笑的場面，也有令人心碎的場面。這和我在漢普斯特德看高爾基三部曲並徹底沉浸其中的經驗很像。巴紐在很多電影裡用同一批演員，而這三部曲的演員都是**同一群人**，所以觀眾會覺得他們很親切——最終他們就像老朋友一樣。演技誇大，有點戲劇化，但讓人留下深刻印象，幾乎像是舞臺劇，我真的很喜歡。法國南部，馬賽港，芬妮為了賣牡蠣正與她的顧客調情。像這樣的浪漫色彩。

巴紐的三部曲是一個愛情故事；故事的主軸是酒保之子馬呂斯和在酒吧前賣牡蠣的女孩芬妮之間的愛情故事。起初，這電影讓我想嫁給法國人，而不是想要下廚——只是不想嫁給會拋棄我出海的人，像馬呂斯那樣！但故事總是圍繞著食物：他們坐在酒吧裡，喝著茴香酒，清蒸了一大碗淡菜。它呈現一種特定的生活方式。我看得出這三部電影是關於鄉村價值觀與城市價值觀，以及一個垂死的生活方式的寓言：午後的牌戲，法式滾球比賽。我想活在那些電影裡。這些角色有某種溫柔之處：帕尼斯（Panisse）是馬呂斯父親的摯友，一位經營船帆製造店、事業有成的年長男子。當芬妮懷了馬呂斯的兒子，而馬呂斯離開她出海時，帕尼斯提議要娶芬妮，這樣她才不會失去他人的尊重。我很愛這段劇情。

我也覺得和巴紐親近，因為我們在柏克萊的生活已經有點像那樣了：我們坐在一起打牌，喝茴香酒，聊天空談，談戀愛。最後，我們的生活方式融入了餐廳的理念，有一個酒吧，讓人們可以齊聚一堂、彼此交流，在餐桌上展現友愛的精神。我想邀請更多人進入那個世界。也許我有所共鳴是因為普羅旺斯的生活比巴黎更樸實，而且非常多愁善感。當然，我確實喜歡巴黎的生活場景——圓頂餐廳、在豬腳下，但普羅旺斯的生活深深觸動我。克勞德和瑪亭也來自那裡。那時的我甚至還沒真正在普羅旺斯住過，但瑪亭的烹飪充滿普羅旺斯的傳統：帶有野生芝麻葉的綜合拌生菜沙拉、使用美味橄欖油的菜餚、鯷魚醬、烤紅椒。

導演馬瑟・巴紐和他的演員群及合作者，照片約攝於 1930 年。

我不是唯一迷戀巴紐電影的人。餐廳開幕後，我認識了傳奇飲食作家兼法國迷M．F．K．費雪（M.F.K. Fisher），她住在格倫艾倫（Glen Ellen）。她是一位非常引人注目的七十多歲女性，灰白的頭髮向後紮成法國髻。她有漂亮的眉毛——無論年輕時還是年老後都很美麗。我認為她和我打成一片是因為我是一位年輕的女廚師，非常熱情又認真，經營著一間餐廳。她對馬瑟．巴紐很感興趣，有一次我和湯姆把巴紐的電影《麵包師之妻》（*The Baker's Wife*）拿給她看。我們會帶著這些電影四處去，藉機開一場派對。我們播映了一盤膠卷，電影很迷人，但後來每個人都太累了（而且我們喝了很多葡萄酒），於是我們把第二盤膠卷留在她家。我們很多年都拿不回第二盤膠卷！我們想著總有一天會回去放映另一盤膠卷，但卻從未實現。這可不是錄影帶，而是巨大的十六釐米膠卷——和出菜盤一樣大。

多年後，我和作家黛安．強生（Diane Johnson）一起去M．F．K．費雪在格倫艾倫的家，心想總算可以拿回《麵包師之妻》的膠卷了。我以為她會為我下廚，但我到達時，她已布置好餐桌，我立刻看出她顯然沒打算自己做飯。我帶來了一些小禮物——一條麵包、一些野菇、少量無花果、一瓶粉紅酒、一些顏色漂亮的蛋。但我是打算把這些東西送給她，不是想用它們做飯！當我意識到她期望我下廚時，我立刻即興創作了整頓飯——我做野菇烤吐司配炒蛋和香草。我直接煮了起來，還一邊說：「噢！我忘了！你有奶油或橄欖油可以借我嗎？可能還要一些大蒜？」好像純粹是我忘記帶一樣。我從來不曾洩露這個祕密，她也從來不知道。想當然爾，手忙腳亂的我完全忘了要帶走膠卷。

．．．

我是在我們正試圖發想餐廳名字的時候看了巴紐的電影。我們還不確定要取什麼名字，但我們知道我們想要賦予這個地方怎樣的基調：一個聚會的地方，一個有酒吧和固定價格菜單的地方。最初，我嘗試把餐廳取名為「地鐵」（Le Métro），並以巴黎地鐵的新藝術風格為基礎做設計——大衛甚至為此創作了一些藝術品。我詢問每個人對這個名字的看法，四處徵求所有朋友的意見，像往常一樣。但自從我愛上巴紐的電影後，我們就一直拿電影裡的角色取名：「芬妮之家」、「西塞之家」、「馬呂斯之家」。

湯姆說應該叫作「帕尼斯之家」，因為富有同情心的帕尼斯是故事裡唯一有賺到錢的角色！然後我發現 panisse 在法文裡還有普羅旺斯小鷹嘴豆油炸餅的意思。於是，餐廳的名字塵埃落定：帕尼斯之家。那時，保羅．阿拉托為廚房的施工和設備添購事宜忙得不可開交，我想他不會太在意這最後一刻的改變。我帶著某種巴黎的心態展開這趟餐廳事業的冒險，但最後「帕尼斯之家」這個名字卻召喚出南法風情——這個決定將以一種我從未想過的方式形塑餐廳的氛圍。

13

開幕夜

Opening Night

(Image courtesy of David Goines)

帕尼斯之家一週年海報，由大衛 ・ 戈因斯繪製。

開幕之前的幾個月有好多事。我們沒有太多銀彈，所以很多事情都是自己來。保羅找他的哥哥和一些人幫忙施工，讓市政府核發所有的許可：帶抽油煙罩的爐子、磚砌露臺、屋前的水泥擋土牆。為了讓擋土牆看起來不那麼像水泥，保羅的哥哥取下房子裡的一扇舊門，把它朝濕水泥上按壓，使最後的外觀呈現幾何圖案。我們在廚房和用餐區之間建造並安裝了一扇旋轉門，拆除並整修舊的硬木地板和紅木護壁板，然後由裡到外重新粉刷。油漆顏色是瑪亭決定的；不用說，她打一開始就認可帕尼斯之家這個名字，而且喜歡我們致力於打造一間正宗法式小餐館的想法。琳賽每天騎腳踏車往返家裡和餐廳，而且看好了要用餐廳後面的小屋做餡餅——那是**她的地盤**。小屋附設家具，配備有傳統的爐子，所以琳賽在那裡和在家裡下廚沒有太大的不同。

琳賽開始在帕尼斯之家下廚時，她仍然是一次做一個餡餅，就和她為家人做餡餅時一樣。事實證明，她把家庭烹飪最棒的特質帶進了專業廚房，並從旁影響了專業廚房。她注重細節，而且味蕾非常敏銳。她會反覆製作英式蛋奶醬或餡餅直到一切全部到位。她的工作方式和我的截然不同，儘管我也是一個家庭廚師——她做筆記，有條不紊，而且能記得自己上一次做了哪些步驟！我還喜歡琳賽從不浪費任何東西。她會用小紙片寫筆記——幫她的食譜補充附錄，或是傳訊息給廚房裡的人，然後，她會保存這些碎紙片，隔天用紙的另一面寫她的下一個筆記。我們總是在廚房裡發現琳賽的破舊紙片。

即使我們漸漸熟悉餐廳廚房的模式和步調，我們從未真正成為專業人士。但在某種程度上，我們改變了在餐廳烹飪應該要怎麼樣的概念——我們用非常不符合常規的方式下廚，以至於非常規成了習慣。我們有不一樣的節奏。我們不提前製作冰淇淋——我們在出餐當天製作，就像你在家裡自製冰淇淋一樣。我們沒有讓任何初級人員在早上進餐廳做所有的準備工作，好讓廚師不必掛心切蔬菜做調味蔬菜（Mirepoix）或清洗沙拉之類的「卑微」任務。每個在帕尼斯之家下廚的人都負責他或她自己的備料工作。這是非常罕見、非常不專業的方式。我們會為了剛送到後門的食材改菜單——如果來了一些漂亮的覆盆子，我們會立即把它們結合到菜色裡，不會堅持做預先決定好的菜單。再來，除了琳賽的糕點之外，我們沒有寫下任何食譜。我們的食譜一直都是廚師們之間的口耳相傳。關於如何製作一道菜餚的對話持續不斷：有時和天氣有關，或是某人在我們上一次煮鴨子時的想法有關。這是一個持續進行的對話，永遠在進行中——我們覺得，倘若我們堅守一個白紙黑字的食譜，就很難靈活運用腦袋把東西做得更好。

我們不使用機器，而是用手工搗大蒜製作油醋汁。（我們最終的確認了我們需要一個攪拌器來打濃湯——在那之前，我們使用的是手動研磨機。）重點是，所有我們非專業的習慣都讓食物嘗起來不一樣——我們沒有任何的壞習慣。我們從來不是在尋找最簡單的方法，而是在尋找最好的方法——而很多時候，我們用的其實是最困難的方法，但我們並不在乎。此外，因為我們每天只有一份菜單——再次強調，就像各位在家裡做飯一樣！它使我們集中注意力，並促使我們發現新的材料。我們不僅每天要做出完美的餐點，更要與前幾天有所不同，因此我們永遠在尋找能令人驚豔的食材。如果我們提供單點式菜單，我懷疑我們就不會有動力那麼迅速地發現新玩意兒。這一切都源自單一菜單固有的迫切性。

· · ·

我們的建築物不是維多利亞風格的——如果是，那我就美夢成真了，但我和瑪亭在廢棄物回收場發現了一扇維多利亞風格的彩色老玻璃窗。它是長方形的，有紅色、赭色和深紫色的玻璃，上面還有斗大的數字一八三〇——顯然是曾經被放在維多利亞式房屋前門上方的街道地址。我們把這扇窗安裝在進廚房的某道門上方。看起來棒極了。瑪亭和我還找了很多舊的混搭裝飾藝術燈具，因為它們讓我想起我在巴黎光顧過的餐廳，那些地方屬於特定的時期，有一種溫暖的、金黃色的、近乎古老的光線。我們總是在尋找玫瑰色的小燈罩，我在關於老法國餐廳美心（Maxim's）的一本書中看過這種燈罩的圖片；我很愛那本書，書名是《美心之家》（*Chez Maxim's*）。我也經常想起凱薩．里茲（César Ritz）到倫敦開卡爾登酒店（the Carlton）時所做的事情：他把一名女子帶到不同的房間，讓她坐在每個房間的燈旁邊，如果光線使她看起來漂亮，那盞燈才是適合這間房的燈。這就是我對燈的期待。

我認識瑪亭時，燈光就是她的強項——從她家裡的燈泡種類到她為燈具製作的燈罩都能看出。當她走進一個房間，她會繞一圈，打開某些燈，關掉某些燈，點燃蠟燭，營造出一個浪漫的空間。我記得伊娜姨婆家窗臺上的彩色玻璃，還有看日落的記憶——母親和伊娜姨婆會帶我們出門兜風看日落或看滿月升起。但瑪亭才是真正讓我對燈光產生興趣的人。我看見它的魔力，而自從我迷上照明以來，我知道光會對人們的情緒造成什麼影響。與我共事過的每個人都曾被我對燈光的執著折磨。我隨時都可以談論燈光——就像我無論何時都可以談論生菜一樣。四十五年過去，我還在改進餐廳的燈光，以及我所到之處的燈光！

有時，我在傍晚時分走到樓上的咖啡館，然後沮喪地發現前廊窗戶的百葉窗是拉下來的。前廊的窗戶面西，可以看到日落。我不想要那些百葉窗被放下來——當窗外的落日色彩飽和宛如出自馬克思菲爾德・派黎胥（Maxfield Parrish）之手，你希望那樣的光線照進餐廳裡，讓令人難以置信的金色光芒觸動人們一兩個小時。對我而言，那種日落是餐廳氛圍的一部分。這不是刺眼的陽光——夕陽從窗玻璃上方的裝飾藝術風格小燈透到室內，窗玻璃是由玫瑰色的彩色玻璃製成，為房間帶來色彩和溫暖。這種維梅爾（Vermeer）風格的燈光流瀉進來，使所有人和一切事物看起來美麗。

瑪亭也教我，倘若空間只有一個光源，尤其是來自頭頂時，會產生明顯的陰影。但我們的目標是要創造一種均勻的柔和度，所以需要在桌子上、牆壁中間和上方安裝光源。要讓桌面夠明亮，頭頂上的光又不會太刺眼是很難做到的事——很多餐廳的光線太暗，客人看不太清楚盤子裡的食物。我們在開幕夜不能點蠟燭，因為我們不被允許使用明火，於是我們就在牆壁和天花板安裝了固定裝置；今天，我們的每張桌子上都有一個小銅燈籠，裡面擺著帶玻璃罩的小盞蠟燭。

我也想要廚房裡有對的燈光——我不想要螢光燈，因為那種燈有一種會把膚色變得很醜的白光，而且工業感很重。點一支蠟燭是如此簡單——它徹底改變了用餐體驗的基調。我覺得如果我把燈光調對了，我可以改變人們的思考方式，讓他們更願意接受經驗的洗禮，比什麼東西都有效。這又是一種美化空間的省錢手段。

我是餐廳裡唯一對燈光有強烈意見的人。而且由於光線從早到晚都在變，因此我必須隨時留意光的變化。我對火光也同樣執著——我們在餐廳裡生火不僅是為了烹飪，也是為了享受觀火和火散發出的光線。每個人體內深處都知道火光代表舒適、食物和溫暖，這是火賜予人類的一切。（我們剛開幕時，用餐區的一角有個壁爐。遺憾的是，它從來沒被使用，但壁爐臺成了凱莉·格倫〔Carrie Glenn〕擺放精美花藝作品的地方。）

我也總是在餐廳裡擺放鏡子——它們是很棒的光線放大器。我們從很早期就在樓上裝了大型全身鏡，上面蝕刻著陽光四射的金色紋路，完全是裝飾藝術，而它們已經放在那裡很久了——那是我在奧克蘭一家舊貨店買的，每面十美元。幾年後，我訂製了一些比較小型的鏡子，大約二十公分高，並用紅木做邊框，環繞著用餐區。它們被放置在略高於餐桌的高度，藉以接收桌上蠟燭的光線。這些仿舊的、燻髒的、玫瑰色的鏡子當初是裝在一九三〇年代和四〇年代的跨大西洋豪華客輪餐廳裡。鏡子帶來的效果非常微妙，但我剛發現這些鏡子時，我感到驚為天人。

・・・

在餐廳施工的混亂時期，大衛・戈因斯開始和他的印刷學生帕蒂・柯坦（Patty Curtan）約會。派蒂後來成為我一生的朋友和合作者，她最近告訴我，第一次聽到我的聲音時，她正和大衛在他的暗房裡工作。他正在印刷帕尼斯之家的第一份菜單，採用新藝術風格曲線的直式菜單，上面有許多高大的幾何抽象藍色花朵。我去店裡找他、關心進度。她可以聽到我在牆的另一邊講話——用我請別人幫忙做事時常用的小嬰兒聲音！

有大衛參與我們的創造過程對我意義重大——我想不到有誰比他更適合為餐廳製作菜單。分手後，我不願意讓大衛離開我的生活——老實說，我從來沒讓他離開，無論是他或任何我愛過的男人。我們很幸運能夠當回朋友，曾經愛過的人還能當朋友是最棒的事情。你們會變得像家人一樣，你們非常了解彼此。分手後肯定有幾個月很艱難——無論出於什麼原因，和任何人分手都是痛苦的事，就算不得不分，還是悲不自勝。但不知為何，我和大衛分得很好。我認為大衛和我以充分的關愛結束關係，而且深知我們仍然彼此尊重和相愛。

大衛印出了第一份漂亮的菜單，上面保留空間讓我填寫每日更換的固定價格晚餐菜單。但各位記得嗎，我們的營業時間是早上七點到凌晨兩點，我們不知怎地認為其餘的菜單會維持不變——我們以為，我們知道每天要提供什麼早餐和午餐。我們夢想著要準備咖啡、茶與可麗餅當早餐、法式焗蛋盅、起司蛋捲。大衛印了上千份菜單，彷彿它會是帕尼斯之家的永久菜單。想也知道，它甚至在餐廳開幕之前就被淘汰了！（我**很清楚**，我們不應該有任何單點式的選項！）我們提供的菜色變化得很快，有時早上和下午的菜單就不一樣了，我們絕不可能來得及提供資訊給大衛。當我們終於開幕時，我只能親自手寫整份菜單，然後到街上的藥局用影印機複印。

每當帕尼斯之家準備特別晚餐時，我們都會做凸版印刷的菜單，於是培養了一群參與設計菜單的優秀人才。帕蒂．柯坦就是其中一位藝術家——我喜歡她的美學，因為她除了是一絲不苟的印刷師傅，還是廚師和園丁。她和我變得越來越熟稔，餐廳開業後不久的某個晚上，我們的用餐區急需人手，我打電話給她並說：「趕快穿件連身裙，我十五分鐘後去接你。」帕蒂來到餐廳，在吧臺工作。然後我隔天晚上、後天晚上、大後天晚上都問她可不可以來幫忙……這就是一切的起點。她二十一歲起在帕尼斯之家工作，四十多年後，我們仍舊一起共事。從帕尼斯之家在八〇年代出版的義大利麵食書起，帕蒂設計並製作了我們出版的每一本書。她的線條畫令人回味無窮，而她的才華很多時候來自她的園丁廚師頭腦；她可以從花園裡直接採摘當令盛產的蔬菜，然後畫得唯妙唯肖。她充分掌握經典插畫和設計的元素，可以相當靈活地即興創作。

⋯

剛開始，我總是想要拉人來為我們工作。這是我的工作方式，也是一種反主流文化的做事方式；如果我看到一個朋友需要工作，而且有才華，很會做某件事（譬如很會畫畫或是彈鋼琴）——我想要廚房裡有那樣的認真態度，或者我會把那份認真代入他們操作濃縮咖啡機的方式。這和職缺內容無關，而是尋找能為餐廳注入活力的有趣之人。而我總是想和自己**很喜歡**的人共事。我不想要和別人純粹只有職業上的往來，因為這間餐廳就是我生命的全部，從過去到現在都是如此。我總是想要和像西塞和帕尼斯那樣啟發我的人對話，就像他們在電影《馬呂斯》裡圍在一起打牌時那樣。

在餐廳開幕之前，起司盤的鮑伯．瓦克斯幫我們找到了一些優秀的人才。他認識城裡的每個人——他個性非常外向、狂野、魅力十足又風趣，是一位很有天分的業餘舞者和假音歌手，他可以在一首歌結束時飆到超高音。鮑伯很討人喜歡，我總是覺得一場派對如果沒有他就不算派對了。

和他在一起時，你會有一種美妙的感覺，彷彿你是他最好的朋友或他的愛人，彷彿他的眼裡只有你。當你和他在一起的時候，你就是他的**全世界**。每個認識他的人都有這樣的感覺——無論和誰在一起，他都陶醉其中。這是一種無私的、真誠的人格特質，是非常了不起的天賦；擁有這種天賦的人並不多。他總是為你挺身而出，這是很珍貴的事。我總是想，**當我有一天真的重病不起、準備離開這個世界時，我會希望照顧我的人是他**。我愛他，而且幾乎聽從他給我的每個建議。

莎朗．瓊斯（Sharon Jones）一直和鮑伯．瓦克斯同住在公社；她是我正式聘雇的第一位服務生。當她來應徵時，我正在後院的小屋舉行面試。她年約二十五歲，穿著紫白格子棉布舞裙和棕色牛仔靴，捲髮綁成兩條小辮子。她**可愛極了**——興高采烈，笑容燦爛。莎朗不斷跟我介紹自己的服務生經驗——她曾是斯托弗餐廳（Stouffer's）的一員，大學畢業後在鱈魚角（Cape Cod）當過服務生。但真正讓我印象深刻的是她的外貌，以及她剛從加德滿都旅行回來這件事。面試進行大概三十秒後——我馬上雇用了她。（她和我成了最好的朋友，我們一起育兒，她現在是帕尼斯之家的董事會主席。）

傑瑞．巴德里克（Jerry Budrick）也因為鮑伯．瓦克斯而加入。在我們開業前兩週，他打扮得漂漂亮亮來面試，穿一件白襯衫和一件時髦的黑背心，我覺得他看起來非常有侍者的樣子。他抽著菸，一副又酷又幹練的樣子。我**買單了**。他告訴我，他曾在奧地利的餐廳接待客人。他拿出錢包，是一個精美的歐洲皮革錢包，我瞬間錄用了他。他也很可愛。（傑瑞後來告訴我，他也想幫忙施工，因為我們顯然無法在開幕的最後期限前完成。）

約翰．哈里斯（John Harris）也是透過鮑伯介紹而來的第一批服務生之一。他是作家，也在起司盤工作過，是鮑伯的朋友。他熱愛大蒜，在社區裡人稱「大蒜之王」。他寫過一本關於大蒜的書，喜歡戴一頂又大又舊的大蒜帽，就像廚師帽，但頂部有一個巨大的蒜頭。後來他說服我們開辦一年一度的大蒜節。我們還聘請了一名來自法國的女子當服務生：布麗吉特．塞格爾（Brigitte Segal），是湯姆的朋友。還有什麼比這更完美的呢——用餐區裡有一名真正的法國人！布麗吉特個頭高大，一頭黑捲髮，身材姣好，性感動人。這是在我要求大家穿制服之前。她總是穿又短又緊的洋裝服務客人。

我們對菜單的想法相當直截了當。我們打算做一些非常簡單的法國鄉村菜，例如烤雞或羊肉配豆子。保羅被餐廳的工程弄得喘不過氣，在開業前的最後幾週，他不得不再聘請另一位廚師：維多利亞．克羅耶（Victoria Kroyer），她在家庭廚房展現過人的才華，而且非常有信心。她和我同年，二十七歲，黑髮黑眼，體型豐滿，而且願意加入戰鬥——她對任何事情都抱持開放態度。我們的想法是由保羅擔任行政主廚，維多利亞擔任廚房裡的主廚，不過維多利亞最終肩負起的菜單規畫和烹飪職責比保羅還多。

維多利亞工作勤奮不懈，從黎明拚到黃昏。我們互相理解，而且我非常尊敬她，儘管我們都很固執——一個小廚房裡有兩個強勢的人。維多利亞吸引我的地方是我們對食物的觀點志同道合，我、琳賽和維多利亞研擬菜單的模樣，手邊的參考書是理察・奧爾尼的《法式菜單食譜》（*French Menu Cookbook*）。

（Photo courtesy of Charles and Lindsey Shere）

抱持同樣的學術興趣。她在家很常烹飪，喜歡做肝醬和香腸。（後來她在帕尼斯之家對面開了一間很棒的店，名叫「豬尾巴」〔Pig-by-the-Tail〕，是柏克萊的第一家熟食店）。

一起發想菜單是我和維多利亞相處最快樂的時光。她做了一些很棒的菜餚，例如「寡婦雞」（chicken *demi-deuil*）—— *demi-deuil* 的意思是「半守寡」，雞皮下塞黑松露片，用奶油醬調味。[1] 她還把芹菜根烹調成各式各樣的菜，例如芹菜根湯和經典的芹菜根雷莫拉蛋黃醬。她做了普羅旺斯雜燴、菊苣培根沙拉、砂鍋鴨肉燉豆，還有酸菜醃肉香腸鍋（一種以香腸作為配菜的發酵高麗菜）。維多利亞也做美味的小牛胸腺（*ris de veau*），在鑄鐵鍋裡用奶油把小牛胸腺煎至上色。她想要所有的內臟，而且把它們烹調得相當美味。在美國主流文化，沒有人用這樣的食譜下廚，想也知道，維多利亞和我非常喜歡這些內臟料理。我自己永遠不會選擇做這些料理，但我喜歡做那些經典又質樸的法國菜。

我一直很喜歡和其他廚師合作發想菜單的同舟共濟感，那種思想的交流。這也是我迴避成為唯一負責烹飪的人的另一個原因：我想在別人的陪伴下工作、思考和創造——我不想獨自一人或處於真空之中。不過，我從來不是想要搶走能做出完美傑作的偉大廚師的光彩。如果有一個廚師

---

1 譯注：因為雞皮下的黑松露看起來像寡婦穿戴的黑面紗。

技藝超群，我很願意放手——如果有人狀態絕佳，我不想擾亂他。一旦這種情況發生，當他們正披荊斬棘穿越樹林，我不想擾亂他們的信心。

一九七〇年代中期，我終於轉移到廚房做全職工作，那時我才真正知道那是什麼感覺——我懂了為五十個人各做一份沙拉是什麼情況。那個時候，我對於身在廚房的焦慮已經消散。我還有尚—皮耶．穆勒（Jean-Pierre Moulle）擔任廚房裡的另一位廚師，這實在非常幸運，因為他才華出眾。

在餐廳廚房下廚時，我喜歡其中自然發生的盤算。我總是在過程中一邊把事情簡化。如果我無法完全控制這些青豆，如果我在廚站上要花太多專注力才能把青豆做得完全符合期待，我就會簡化烹飪的方法。我會把這道菜餚簡化，留下最必要的部分，留下我知道我搞得定的部分。我至今仍感到驚訝的是，樓上的咖啡館可以在餐盤裡準備四或五個美麗的、獨特的元素。這代表有大量的食材需要被精進完善，而且需要大量的整合協調。今天的二廚比以前的我廚藝更純熟。

我在廚房待了將近七年，從一九七六年到一九八三年，某種程度上，離開廚房讓我鬆了一口氣。但我的確喜歡隨著當下的情況調整錯綜複雜的菜單，並融入我在烹飪時想到的新點子。我懷念那段深陷其中不可自拔的過程。儘管我現在已經離開了餐廳的廚房，但我仍然花很多時間思考改良菜餚的方法。有天晚上我在家裡為朋友做義大利燉飯，卻忘了一些小技巧，我對自己的疏忽感到很不滿意。我加的高湯不夠多，又煮得太久了。為了替燉飯增色，我通常會在上菜前加一點檸檬皮、歐芹，甚至會加一些切碎的大蒜。但我把這一切忘得一乾二淨！我整晚都在為這些疏失懊惱。（隔天早上，我向朋友道歉；他們客氣地說他們沒有注意到。）最近幾個星期，我也擔心我們在咖啡館烤架上烹製的磚壓烤雞（chicken al mattone）——我們真的應該用雞腿嗎，還是應該只用雞胸肉？烤雞腿非常棘手，因為雞皮裡的小關節可能會很難嚼，而雞皮卻沒有達到完美的脆度。用鑄鐵鍋做這道菜是不一樣的，因為會有額外的熱度從鍋子的側面進入雞肉，但使用烤架時有更多的空氣流動，所以很難把雞腿的關節做到非常酥脆。

我擅長對菜餚做細緻的調校——幫忙改善風味。我總是能找出不太對勁的地方，而當我品嘗食物時，腦海裡會浮現它可以變成什麼樣子的想像。但有時我不太確定達成這個目標需要什麼——我必須和其他人對話和合作。我最擅長做一道菜的編輯。我了解烹飪的過程，而且我很會微調。

⋯⋯

維多利亞是柏克萊的哲學碩士。我喜歡這點——又是一個沒有接受過正式烹飪訓練的人。這個意思不是說訓練不重要——我想要有一**定烹飪經驗**的人，琳賽．薛爾有經驗但不是專業人士，這意味著她烹飪時像家庭廚師一樣。儘管我們集體缺乏專業資格，但若是說到談論食物這方面，每個人都有共識；我們是一群法國迷，了解法國美食的語言。可以這麼說，我們都是知識型美食家——琳賽、維多利亞和保羅，而且我們全都博覽群書。我讀過《拉魯斯美食百科》、理察・奧爾尼、伊莉莎白・大衛和M・F・K・費雪和其他很多人的書。這些作家熱愛法國和法國美食，並且大力讚揚，他們引發我們每個人的興趣。我們的常駐法國美學家瑪亭為餐廳製作了第一個招牌，我們打算每天在招牌上發布新菜單。它大概九十公分高，用手繪的方式精心製作出細膩夢幻的風格。我對它愛不釋手，用金屬線把它掛在餐廳入口旁的大葉南洋杉大樹上。（當時我不知道大葉南洋杉的壽命可以到六百年；在它們的故鄉澳洲被認為是神聖的聚會場所。）我們沒有任何可以適當展示餐廳名稱的東西，所以開幕的前兩天，大衛在正門的木柵欄上用粉筆把CHEZ PANISSE寫成六十公分高的新藝術風格字體。

我們在餐廳外樓梯的兩側擺放小棕櫚樹，就像「美心」會在餐廳的角落放棕櫚樹盆栽一樣。我有點不好意思承認，但我在一根室內柱上安裝了一盆垂掛植物，就在通往廁所的樓梯旁；那是非常六〇年代末、七〇年代初的風格。我們有傑姬、瑪亭和我在跳蚤市場找到的混搭餐盤和銀器。我有紅白格子的油布（我本來想買亞麻桌布，但我們終究是買不起），餐桌上還有鮮花裝飾。

從開業的那一刻起，我們的餐廳就擺放鮮花——我會把花裝進小罐子放在每張桌上。在我們的花藝師凱莉・格倫到來之前，我都是親自出馬。老實說，我並沒真的做插花，我只是譬如把三朵鬱金香放進玻璃容器裡。剛開始的花藝擺飾很樸實。但即使手頭非常非常緊，我還是會撥一點帕尼斯之家內部一景。

（Photo courtesy of Charles and Lindsey Shere）

錢給花；我以前常在艾許比大道（Ashby Avenue）和電報大道的花店買花，凱莉．格倫就在那裡工作，離我們位於達那街的房子不遠。我和她成為朋友，是因為她會帶我看她最喜歡的花，那些花總是店裡最美的。我會從帕尼斯之家開車穿越市區去買她的花。過了一陣子之後，她來餐廳布置花藝作品成了家常便飯。

凱莉的花藝布置從一開始便令人驚豔，我很快就不能沒有它們了。這些作品比我自己動手做的成果好太多太多了。她為餐廳注入一種特別的美感，我很高興。開業早期，我離不開餐廳、一直待在廚房的時候，她把大自然帶進了用餐區。我們很幸運——她是一位真正的藝術家。秋天，她會採集楓樹的大樹枝，展示它們火焰般的紅色，或者她會在她的插花作品裡加入水果：野生黑莓、柿子、梅爾檸檬。我覺得它們絢爛奪目。

我至今仍對我插花的方式很不滿意。我喜歡插花，但我老是把素材移來移去，更換花瓶，搞得一團混亂，我覺得自己從來沒有真正抓到要領。我想要成為花藝師，但我不夠有耐心。凱莉處理花的方式完全是另一個境界。她會去採集鮮花、樹枝和藤蔓製作花束（有時還在半夜時分出門），沿著柏克萊大街小巷的樹木和灌木叢採摘素材！她會一絲不苟地把零落的葉子一片片摘掉。沒多久，她也開始和在地的花農建立聯繫，就像我們之於農民一樣；她的花藝風格影響了全美各地。我總是對她的安排複雜又微妙感到驚嘆不已。有些人進餐廳只是為了看花，看完轉身就走。

・・・

我們起初使用跳蚤市場的餐盤和二手餐廳器皿，但我一直在尋找復古的利摩日瓷器。在餐廳開業的最初幾年裡，我只要找到就會買下，十個或十二個一組的餐盤和同樣式的甜點盤。我讓辛苦的洗碗工用手清洗它們。不用說，它們還是破的破、裂的裂，我最後把剩下的利摩日餐盤帶回家裡。但小甜點盤，花樣不一的十五公分盤子，這些倒是經久耐用。它們的尺寸非常完美，我們一整晚可以拿它們應付多種用途，不只是用來盛裝甜點——然後第二天早上，可憐的琳賽就得在餐廳裡東找西找，耐心地把我們挪用的所有甜點盤收集起來。經過這麼多年後，甜點盤仍然完好，而且我們仍用它們裝餐後的糖果。這算是帕尼斯之家的某種招牌標誌。

說來有趣，剛開業時，音樂並不是餐廳的一部分。音樂對我影響很深——我花了很多時間專注在音樂上。我在大學修的課有一半是關於音樂：有一門課完全在講貝多芬的交響曲，他所有交響曲的不同錄音。我總是試圖為適合的場合找到適合的音樂，我無法聽那些在許多餐廳中播放、無所不在的罐頭音樂。對的音樂可以增進聚會的和諧感，凝聚眾人，錯的音樂則會妨礙聚會。我想不到要在餐廳裡播放什麼音樂。我想起了從來沒有音樂播放的法國餐廳，也想到我不想打斷餐桌上的對話。我寧願沒有音樂，也不想放錯音樂。

幾年後，我們都聽起了歌劇——那是我們的廚師傑芮邁亞・陶爾的地盤。他播放不可思議的男高音尤西・畢約林（Jussi Björling）演唱的普契尼歌劇《瑪儂・雷斯考》（*Manon Lescaut*）。在兩個用餐梯次之間，廚房裡大聲播放著歌劇；傑芮邁亞反覆不停地播放這首歌，直到黑膠唱片上的凹槽都磨損了。而且他只播放普契尼最巔峰的詠嘆調作品，不夠好還不聽呢！但我們開業後，根本沒有播放任何音樂。最後，樓上咖啡館用餐區覺得播一九五〇年代的經典爵士樂是合適的音樂。這很諷刺，因為那正是我年輕時避免聽的音樂。

．．．

湯姆、瑪亭、克勞德和我都喜歡在家裡打撲克和博雷（Bourré）[2]。我不知道隨著餐廳的前置工作負擔越發沉重，我怎麼有辦法繼續舉辦撲克之夜，但我反正做到了，因為我很喜歡和他們一起玩牌。瑪亭和克勞德有個朋友名叫尚・瓦蒂內爾（Jean Vatinel），我們都叫他瓦蒂，他為蒙岱維酒莊（Mondavi）工作，有時會出現在我們的撲克之夜。瓦蒂會帶葡萄酒讓我們能邊打牌邊喝。我們大多是喝蒙岱維的加美（gamay）——然後當餐廳開始施工的時候，他開始帶來蒙岱維酒莊的六八年卡本內蘇維翁（cabernet sauvignon）。在撲克之夜進行的過程中，我們慢慢喝他帶來的廉價葡萄酒，當他輸了，他就得拿出六八年的卡本內蘇維翁葡萄酒。後來我意識到，在這款酒還那麼年輕的時候喝它，有點像犯下了殺嬰罪，但我喜歡那款卡本內。瓦蒂是出色的推銷員，所以我們在即將開幕前買了蒙岱維的葡萄酒。我們買不起卡本內蘇維翁，但我們買了他們的加美和白芙美（fumé blanc），還有一九五九年的蘇迪后堡（Château Suduiraut），這是一款蘇玳葡萄酒。這些是我們第一份酒單上僅有的三款葡萄酒，全都是單杯供應。

我們的酒單上只有三款酒，而且其中一款是蘇玳葡萄酒，這看起來很怪，多數人只在晚餐後喝蘇玳這種甜酒。可是，我會在享用琳賽的甜點時配著喝，而且保羅・德雷伯加深了我對它的愛。信不信由你，但當時世上最好的蘇玳，每瓶只要兩塊五美元。有一款蘇玳**非常昂貴**——伊更堡（Château d'Yquem）——那一瓶的價格是三塊五美元！我愛上了所有的蘇玳。它們風味中的豐富性和複雜性是一大享受。在好的年份，蘇玳產區的的大酒莊都非常美味，但總是再更美味一些的就是伊更堡。當我開始為餐廳酒單挑選葡萄酒時，我知道我需要一款蘇玳葡萄酒，所以我買了十箱一九五九年的蘇迪后堡蘇玳葡萄酒。如果能力允許的話，我會買伊更堡，但我當時覺得它實在太貴了。現在回想起來，我真希望我當初有買一瓶三塊五美元的伊更堡，真希望今天我的酒窖裡還有一些。

---

2 譯注：也是一種撲克牌遊戲，於十九世紀初從法國傳到美國路易斯安納州南部。

法蘭西斯・柯波拉大概在那陣子來參加我們的撲克之夜；我為每個人端上一份焗烤馬鈴薯，上面還放了鯷魚，然後就跑回廚房收拾。法蘭西斯開動後從餐桌大喊道：「我說愛莉絲啊，你應該開一家餐廳！」湯姆說了類似「再等兩個星期」的話。

在開業前的幾週，湯姆從電報劇目戲院下班後，會在九點或九點半左右來到餐廳，試圖拉我離開餐廳回家休息。我會說：「不，不，不，再等一下！」——他總是來得太早。他會坐在那裡等我，喝我倒給他的酒，而我則在餐廳裡四處走動，思考隔天的待辦事項；我們從未在午夜前離開。我隔天很早就醒了，他會求我在床上多待二十五秒，好讓他可以抱抱我。但我會直接跳下床。我知道如果我多躺二十五秒，一定不會只是二十五秒，而我沒有時間。

・・・

維多利亞、琳賽、保羅和我決定開幕夜的菜單是法式酥皮肉派（*pâté en croûte*）、橄欖鴨，以及琳賽的李子餡餅。我想要法式酥皮肉凍派，因為這是我在晚宴上端出過最成功、最別緻的菜之一。幾年前，我曾用黑松露和開心果製作了一款肉派，搭配保羅・德雷伯進口的一九五三年的卡隆塞居堡（Calon-Ségur）特級葡萄酒。這個食譜是取自亨利－保羅・佩拉普拉（Henri-Paul Pellaprat）的《法國美食全書》（*The Great Book of French Cuisine*）：肝醬包在酥皮裡烤，然後切片。

它的口感很棒，給人優雅的感覺，因為它被包裹在滋味豐富的經典派皮裡。製作任何一種肝醬都需要很多技巧，而這個食譜又特別棘手——你必須在將餡料放進酥皮前先試味道，然後以適當的溫度烹煮，以利風味融合，不過還是不知道最後成果會如何。幸好，在家裡做這道食譜的那一次，我成功了，我的反應是「天哪！」和我第一次製作舒芙蕾的感覺一樣——製作過程宛如魔法。我知道維多利亞有製作肝醬的經驗，所以我認為法式酥皮肉派是完美的選擇——她可以在前一天做好，我們在開幕當晚只需要將肉派切片。

至於主菜，我自己不會想到要做鴨肉——我以前甚至不曾料理過鴨，但維多利亞知道怎麼烤鴨，我很高興她懂。維多利亞和我為了佐鴨肉的橄欖煩惱不已：綠橄欖？還是黑橄欖？我們不想要橄欖味道太重，黑橄欖的油脂較多、味道較強烈。我們最後選定使用西西里綠橄欖，看上的是它的顏色、口味溫和，以及和醬汁交融的能力。琳賽的李子餡餅完全不需擔心——她知道怎麼做，而且可以做很多。她會做的甜點種類繁多，我們在餐廳供應了很多年。李子餡餅、英式蛋奶醬和杏仁餡餅，這些是她的拿手絕活。

我想要壓低晚餐的價格，但保羅遊說要訂高一點。我想要我所有的朋友都來光顧，我認為如果太貴，他們不會來捧場。我們最後決定整個套餐賣三塊九五美元，在當時是頗高的價格。

一九七一年夏末時分，顯然是開張做生意的時候了——基本上是因為我們需要一些金流。我們沒有試營運；我們只是打電話給朋友們，告訴他們哪天晚上過來，直接開幕。

· · ·

一九七一年八月二十八日的夜晚非常溫暖，於是，我們決定把桌子擺到前院的露臺上，讓人們可以在晚餐前坐著喝些餐前酒。我沒有在開幕夜下廚——我在用餐區；維多利亞和保羅在廚房裡，烹煮橄欖鴨。我們當天早上去華埠買了鴨子，因為裝潢工程一直進行到最後一刻，餐廳裡沒有地方可以放鴨子。我們還沒完成樓上的施工——傑瑞說我們不可能來得及是對的，所以我們在二樓的樓梯口掛上一塊簾子，所有沒地方擺的多餘家具和工具及建材全都擱在樓上。即將出餐的幾個小時前，保羅的哥哥查爾斯在廚房裡為維多利亞裝設備餐檯。琳賽對開幕夜印象最深刻的記憶之一是，直到開門前不久，房子都還沒有電；我完全不記得這件事了——我打點用餐區是在白天的時候，所以電對我不是很重要。

有幾件事的確令我歷歷在目。當時天還是亮的，然後第一組客人，我不認識的一個男人和一個女人，從前門走進來要預約。我穿著從怪誕市集添購的一件復古鉤織米白色蕾絲連身裙，非常貼身，還有一雙和衣服搭配的高跟鞋；我記得我感覺非常不自在——**我看起來真的適合接待客人嗎？**客人走進來的時候，我還一面在固定樓梯的二手長條波斯地毯。我其實不是緊張，主要是心煩意亂——我需要在開幕前按照特定的方式完成**所有的**待辦事項，長條地毯就是其中一件。

在那一對情侶之後，來的幾乎都是我認識的人，一群道道地地的柏克萊人。菲爾．伍德（Phil

我與帕尼斯之家，攝於開幕前幾小時。

Wood）是在地出版商。搖滾樂評格雷爾・馬庫斯和他的妻子珍妮（Jenny）；丹尼和希拉蕊・戈德斯坦（Danny and Hilary Goldstine）是柏克萊的兩位性治療師；我的老朋友艾蓮諾和她的伴、舊金山默劇團團長羅尼・戴維斯（Ronnie Davis）；傑姬・韋斯特一身漂亮的翠綠色復古中式連身裙，和丈夫史基普（Skip）聯袂出席；一小群印刷商，包括和大衛同樣任職於聖希羅尼姆斯出版社（St. Hieronymus Press）的比爾・巴克曼（Bill Buckman）和葛雷格・羅伯（Greg Robb）；當然還有大衛和查爾斯、克勞德和瑪亭及他們坐在復古柳條嬰兒車裡的孩子卡蜜（Camille）；我的母親和懷孕七個月的妹妹蘿拉。

還有湯姆，當天稍早他剛拍攝完喬治・傑克森（George Jackson）的葬禮。喬治・傑克森是黑豹黨成員，他在越獄不成的過程中被獄警開槍擊斃。黑豹黨的領袖休伊・牛頓致電湯姆，請他找一個攝影師拍攝葬禮；湯姆和他的攝影師是唯一進到教堂裡的拍攝團隊。這提醒了我們，那是一個黑暗的時期——我們都感覺反主流文化遭到圍攻。肯特州立大學（Kent State University）的學生遭到槍擊，羅伯特・甘迺迪和麥爾坎・X（Malcolm X）被殺，好多人都被暗殺了。在某種程度上，帕尼斯之家是從灰燼中誕生的，因為許多我們為之奮鬥的理想正在被摧毀。

開幕夜完全不在我們的控制之中。我沒有和任何人展開任何真正的對話，我只是趕忙把所有餐點送給嗷嗷待哺的人們。我們花了相當長的時間才服務到每個人；莎朗不停給每個人斟酒，以免他們離開。她說，從她第一晚踏進去上班的那一刻起，餐廳聞起來就和她工作過的其他餐廳不一樣——那裡聞起來充滿魔法，她說。她本來只是打算在開始一份教職之前幫忙個兩三週，但在開幕的那晚，她就知道自己想留下來，成為餐廳的一分子。幸好她留下來了，謝天謝地！

我需要那天晚上在用餐區工作的每個人，形形色色的一群人。他們都很有魅力，而且都盡力讓客人感到快樂。那天晚上，以及之後的每個晚上，我們的工作就是讓客人相信，他們會**非常非常**喜歡我們供應的食物，因為菜單上只有一個選擇。我很擅長說服別人，非常擅長。傑瑞．巴德里克的介紹方式十分浮誇，幾乎就好像他在表演戲劇，有誇張的手勢，還有一張美麗又表情豐富的臉，和《發條橘子》（*A Clockwork Orange*）裡的麥坎．邁道爾（Malcolm McDowell）一樣。傑瑞的名聲響亮——他流露出老練的氣質，但也可以很風趣，他會和顧客、其他服務生和廚師開玩笑。布麗吉特穿迷你裙和木屐展現出性感的一面；約翰．哈里斯滿肚子墨水，愛大蒜成痴；莎朗則是極具魅力，討人喜歡。我們的服務生做的事比一般服務生多很多：他們切麵包、拌沙拉，甚至會在需要時代班上陣做餡餅。

我們的用餐區人手過多，但卻沒什麼幫助——我們都沒有應付這麼多客人的經驗。我們本來沒有計劃要在露臺提供晚餐，也沒有為這些桌子分配服務生，但我們花了太長的時間服務**室內**的客人，於是我們開始安排人們在**室外**用餐。想也知道，這使得及時服務每個客人變得**更加困難**。開幕當晚，我到露臺服務顧客時一度在臺階上不慎失足，幸好我及時抓住欄桿，沒有摔倒。我本來可能會受傷的，我心想，**天哪，要是受傷就太可怕了**。

我至今記憶猶新的一件事是看了廚房一眼，然後非常擔心能不能及時出餐。一隻隻的烤全鴨正從烤箱裡出爐，維多利亞一邊抽著菸一邊倒掉鴨油，然後把醬汁淋在烤鴨上。（艾蓮諾說，那天晚上過後，我聞起來一直都是鴨油味。）維多利亞用鴨頭、鴨脖子和鴨腳製作了一款經典的法國褐醬（*sauce espagnole*）。我在一旁觀望，感到心慌意亂：**我們能準時把鴨子送上桌嗎？**令我寬慰的是法式酥皮肉派看起來好極了——餐盤上還有醃菜、歐芹和一點芥末做擺飾，而且這是一道提前做好的冷盤菜。我想大家還算喜歡這頓晚餐，但其中最叫座的是琳賽的李子餡餅。我們在晚餐時段結束之前就賣完了。

現場亂成一團，誠如維多利亞所言：「就像馬戲團表演。」我們希望餐廳給人在家中吃飯的感覺，因此我們拒絕購買大型工業工具、電器和出餐設備——所有能讓工作更輕鬆的東西，我們最終會弄清楚這點。我們沒有足夠的空間放置髒盤子，也沒有足夠的空間清洗盤子。我們把餐點一一放到盤子上端出來，而不是把盤子端到出餐區——我們也抗拒設置出餐區，這代表我們進出廚房的次數會更多。我們有一扇通往用餐區的雙開式彈簧門，門上有菱形小窗，但使用彈簧門要稍微適應一陣子——各位可以想像有多少食物掉到地上，只因為我們沒透過窗戶看看誰正從門的另一邊衝過來！

食物最終確實奇蹟般地送達餐桌，人們也表示用餐愉快。但其實現場是騷亂的，有些客人甚至在戶外的階梯上用餐。格雷爾後來告訴我，他九點到餐廳，對於餐點在短短幾分鐘內就送達感到又驚又喜。但他鄰桌的客人臉上都沒有笑容。「這是我們兩個小時內得到的第一份餐點。」他們告訴他。

當晚，疲憊不堪地準備回家時，我意識到有人偷了掛在門前樹上的瑪亭的藝術作品。那個作品如此美麗，順手牽羊的人顯然是看上了這點；真不知道如今它位處何方。打烊前，我們沒有任何正式的慶祝活動。真實情況比較像是：**天啊，有半數客人都苦等食物上桌老半天。我們明天要端出哪些菜色呢？**我們還不想煩惱明天——於是，誠如我在辛苦工作一天後的慣例，我開了一瓶白芙美，眾人舉杯敬我們度過了開幕夜。

後記・帕尼斯家族

Afterword: La famille Panisse

我總是和鮑伯．席爾開玩笑說，他競選國會失敗後，我失望到開了帕尼斯之家。我對政治的幻想徹底破滅，而藉由開這間餐廳，我真的認為我脫離了社會——我要做我自己的事，不碰政治，只是經營我的小天地。但這變成一種政治表態。因為結果證明，食物是我們一生**最具政治性**的事。飲食是一種日常經歷，而我們對飲食所做的決定會對日常造成影響。這些每天發生的影響可以改變世界。

當人們開始說帕尼斯之家正在做一些革命性的事情時，我感到很興奮。當外界承認我們是反主流文化的一部分，是言論自由運動帶來的結果時，我感覺被賦予了力量；我們全都感覺被賦予了力量。我們絕對是那個浪潮的一部分，那個時代的狂喜就像在說：「如果你想做一件事，就去做吧！」其中傳達的訊息是：「我們都會來支持你！」儘管開業初期的我很慌亂，但我感覺備受支持。這就是一切的基調——我們是反主流文化運動的一分子，團結對抗大型機構和文化構建，但又互相幫助。我們覺得我們在做正確的事，即使我們沒有賺到錢。

我很清楚我正在經營一家反主流文化餐廳，而且若不是有這場運動，帕尼斯之家永遠不會誕生。我不可能在現實世界裡開這樣的餐廳；按照主流標準，只有一份菜單的想法是荒謬的，而我永遠不可能借到銀行貸款。但反主流文化中的每個人都認為，如果你把某件事做得**非常好**，無論多麼非正統，只要忠於人類行為準則，你就能成功。從最一開始，帕尼斯之家就體現了這點。我們有一套不同的價值觀。我們的餐廳看起來不像其他餐廳。我們買二手家具，在餐桌上擺放樣式不一的復古玻璃器皿。我們聘請女性在一家高級餐廳擔任廚師和服務人員，這在當時幾乎是聞所未聞的事。我們雇用的女性和男性沒有豐富的烹飪履歷，但他們聰明、有才華，並且相信我們的願景。他們是知識分子、作家、未來的電影人和藝術家；他們沒有經驗，但了解我們的理想，而且需要一份工作。我毫不猶豫地雇用他們。

類似的反主流文化生意在全國各地開花——我們碰巧成了第一批的反主流文化餐廳之一。其他店家也出現在其他滿是文化養分的地區，但柏克萊和灣區恰好比多數地區更肥沃。我們很幸運，因為我們擁有見過世面的大學客群，他們去過歐洲、了解什麼是固定價格菜單，而且願意冒險嘗試。而且我們有茱莉亞．柴爾德為法式料理鋪平道路。

我們認為我們不應該遠離烹飪的歷史——為什麼不從過去的經驗中學習真正有效的方法呢？羊肉確實和豆類**很搭**，這是通過時間考驗的食譜。我們都對歷史抱有一份尊重。但反主流文化讓我們看到了一個可能性：如果看到更好的道路，我們**可以**採取不同的做法。我們推測，也許羊肉可以在春天搭配新鮮的蠶豆，而不是傳統的乾燥豆類？這就是美國的好處：我們不受幾個世紀的烹飪傳統所限制，因此一旦學會了基本技術，我們就可以即興發揮。擺脫烹飪學的束縛是一種解脫。我們可以使用法式烹飪的所有元素，不過是按照我們自己想要的方式。拜反主流文化所賜，我可以根據自己的意願經營我的廚房，並且以女性的身分這樣做。在當時，女性擁有並經營一家餐廳非常罕見。

成為反主流文化的一分子有助於我們的生存。湯姆可能把他認識的每一個另類朋友都帶來餐廳，然後跟他們說：「這是世上最好的餐廳。快去告訴你所有的朋友。」他把每個地下電影人都帶來，使帕尼斯之家成為一個激進的聚會場所。他把這裡當作自己的沙龍，大衛也是如此。打從一開始，光顧餐廳的總是一群文化圈和藝術圈的客人。在剛開業的那幾年裡，我們會在晚餐後到樓上放映巴紐的電影：湯姆帶來他的投影機，我們把桌子移到一旁，架起布幕，然後坐下來觀影。

我總是覺得開這間餐廳是命中注定，我沒有權利決定要不要開——這一切冥冥中早就被事先決定了。我們在改變世界的一九六〇年代起步，而我希望人生中能有更大的使命，某個我可以參與的使命。起初我找到了政治，然後是蒙特梭利，然後是烹飪。我從小就很有主見，而且總是仰賴自己的直覺——做任何決定之前，我必須覺得那是正確的事。我不曾透過理性知識去做決定。這就是人們所說的感召嗎？我的感召可能是要傾聽我的直覺。我這輩子都遵循自己的直覺。

帕尼斯之家之所以能夠成功，在很大程度上是因為它不像是另一間普通餐廳。我們是一個大家族——至少是一個古怪的、團結的部落。我們沒有人接受過廚師訓練或念過烹飪學校。誠如詹姆斯・比爾德後來所言：「就像你在某人家裡吃晚餐。」我希望帕尼斯之家給人那樣的感覺。

我一直覺得這家餐廳就像正在長大的小孩。在頭幾年，大家都知道那是什麼感覺：你會感到驚慌失措——我要怎麼照顧這個小嬰兒？你從來沒當過父母，你必須不分晝夜地保持警覺。你睡眠不足。然後寶寶長到三歲後開始跟你頂嘴，於是你們開始互相理解。當小孩終於長到五歲時，他們被送去上學。接著，美好的隻身揚帆歲月到來，彷彿任何事情都可能成真。在餐廳邁入第十個年頭後，你知道一切都會好好的。但結果，同事們開始離開餐廳自己創業，於是你擔心自己得全部重新學習一遍——就像家中有個十幾歲的青少年一樣。就在那個時候，我們在樓上開了咖啡館，整個餐廳的營運變得更加複雜。到了二十歲，你的小孩慢慢走向世界，而且是一個更大的世界；那大概是在我展開「學校菜園計畫」的時候。三十歲，你覺得小孩有自己的生活方式，有自己專屬的獨立生活。（但你的小孩仍然每天打電話給你尋求建議和金援！）然後小孩就要四十五歲了！我總是這麼看待帕尼斯之家。

老實說，我從來沒把餐廳當成我的地盤。打從第一天起，我總是真心覺得，這是帕尼斯的地盤，而我們每個人只是幫助實現他願景的管家。我這麼說的意思是，餐廳一直存在著一個更大的指導精神，帕尼斯就是這個精神的化身，這個精神超越了所有在那裡工作過的人。這就是巴紐的精神。我聽到巴紐的電影和書傳達的訊息。它和一九六〇年代和七〇年代發生的事情完全相關，也和當今世界正在發生的事情完全相關。我們正在遠離土地，我們正在進入城市，我們正在失去家人和朋友的傳統，我們正在忘記我們的孩子，在這個速食世界裡，我們沒有去學習如何養活自己。這就是巴紐生活的時代所發生的事，這也是為什麼每個法國小學生都要讀巴紐的《媽媽的城堡》（*My Mother's Castle*）和《爸爸的榮耀》（*My Father's Glory*）。我們所有人珍視的同一套價值觀，都深植在那些作品和馬賽碼頭上的角色們之中，也透過它們被清楚地闡明。和這些角色一樣，我們渴望以最人性化、最美麗的方式過日子。這就是為什麼我們都是帕尼斯家族的一分子。

而當我的女兒呱呱墜地，我們將她取名為芬妮。

致謝

Acknowledgments

如果沒有克里斯蒂娜・穆勒（Cristina Mueller）和鮑伯・卡羅（Bob Carrau）兩位共同合作者，我永遠找不到寫下這本書的辦法。他們執著的好奇心是整個計畫背後的動力。在兩年的時間裡，他們有各種身分，是我的訪談者、對話者、審問者、抄寫員和微調員，挑戰我、也引導我以最好的方式講述我的故事。我心中滿是感激之情——我永遠無法充分傳達對他們的感謝，也永遠不嫌誇張。

我也對忍受我為重拾過去而猶豫不決、忍受我突然來電和無底洞般的問題的所有人有道不盡的感激。這些人有我的姊妹艾倫（Ellen）、蘇珊（Susan）和蘿拉（Laura），她們填補了許多回憶的空白（她們比我更記得我們的童年）；我的老情人湯姆・魯迪（Tom Luddy）和大衛・戈因斯（David Goines），他們慷慨地分享對我們交往時清晰且詳細的回憶；以及一大堆過去和現在的親朋好友，他們貢獻了不可或缺的回憶、批評和支持：艾蓮諾・貝爾蒂諾（Eleanor Bertino）、保羅・貝托利（Paul Bertolli）、馬克・比特曼（Mark Bittman）、傑瑞・巴德里克（Jerry Budrick）、派翠西亞・柯坦（Patricia Curtan）、丹尼斯・丹納赫（Dennis Danaher）、莎拉・法蘭德斯（Sara Flanders）、尚皮耶・戈罕（Jean-Pierre Gorin）、莎曼珊・格林伍德（Samantha Greenwood）、安妮・艾賽克（Anne Isaak）、莎朗・瓊斯（Sharon Jones）、貝琪・克萊恩（Betsy Klein）、克勞德和瑪亭・拉布羅（Claude and Martine Labro）、格雷爾和珍妮・馬庫斯（Greil and Jenny Marcus）、達維亞・尼爾遜（Davia Nelson）、雪莉・奧爾森（Sherry Olsen）、查爾斯和琳賽・薛爾（Charles and Lindsey Shere）、芬妮・辛格（Fanny Singer）、史蒂芬・辛格（Stephen Singer）、克萊爾・蘇利文（Claire Sullivan）、馬爾戈西亞・森伯格（Malgosia Szemberg）、伊尼戈・托馬斯（Inigo Thomas）、鮑伯・瓦克斯（Bob Waks）、凱西・華特斯（Cathy Waters）、傑姬・韋斯特（Jacqui West）和維多利亞・懷斯（Victoria Wise）。

我熱情的經紀人大衛・麥考密克（David McCormick）和我耐心的編輯潘・克勞斯（Pam Krauss）值得獲得一個獨立的致謝段落，感謝他們超水準的幫忙。

非常感謝伊恩・丁曼（Ian Dingman）的封面設計，以及瑪莎・布萊根（Martha Blegen）的排版設計技藝。再次衷心感謝弗里茲・史特雷夫（Fritz Streiff），我的討厭鬼編輯，感謝他無價的最後修潤。

我生命中的五感滋味

〔harvest〕007

全球慢食教母的味蕾啟蒙與非典型廚師的養成

Coming to My Senses：The Making of a Counterculture Cook

作者—愛莉絲・華特斯（Alice Waters）
譯者—葉品岑
副總編輯—洪源鴻
責任編輯—柯雅云
封面設計—莊謹銘
內頁排版—虎稿・薛偉成
出版—二十張出版／左岸文化事業有限公司
發行—遠足文化事業股份有限公司（讀書共和國出版集團）
地址—新北市新店區民權路108-3號3樓
電話—02-22181417
傳真—02-22180727
客服專線—0800-221029
信箱—akker2022@gmail.com
Facebook—facebook.com/akker.fans
法律顧問—華洋法律事務所／蘇文生律師
印刷—呈靖彩藝有限公司
出版—二〇二五年六月（初版1刷）
定價—四五〇元

ISBN｜978-626-7662-24-3（平裝）、978-626-7662-22-9（ePub）、978-626-7662-23-6（PDF）

國家圖書館出版品預行編目（CIP）資料

我生命中的五感滋味：全球慢食教母的味蕾啟蒙與非典型廚師的養成
愛莉絲・華特斯（Alice Waters）著／葉品岑譯
一版／新北市／二十張出版／左岸文化事業有限公司
2025.06／304 面／14.8 x21 公分
譯自：Coming to My Senses: The Making of a Counterculture Cook
ISBN：978-626-7662-24-3（平裝）
1. 回憶錄 2. 烹飪
785.28　　114004212